Ordo Virtutum · Spiel der Kräfte

Hildegard von Bingen

ORDO VIRTUTUM
SPIEL DER KRÄFTE

Das Schau-Spiel vom Tanz der göttlichen Kräfte
und der Sehnsucht des Menschen

herausgegeben
von
Bernward Konermann

Pattloch Verlag

Pattloch Verlag 1991
© Weltbild Verlag GmbH, Augsburg

Titelbild:
Biblioteca Governativa di Lucca, Codex Latinus „Die Jenseitsräume"
Abbildungen im Buch: Archiv Pattloch, Augsburg
Satz: Brigitte Tschöcke, Augsburg
gesetzt aus Palatino und Univers cond. light
Druck und Gesamtherstellung: Ueberreuter, Korneuburg
Printed in Austria

ISBN 3-629-00604-3

INHALT

6	**Vorwort**
8	**Der Ordo Virtutum und die prophetische Sendung Hildegards von Bingen**
12	**Ordo Virtutum**
12	Vorbemerkungen zum Text
13	Zum Inhalt
14	Personen der Handlung, Ort und Zeit
16	**Ordo Virtutum – Spiel der Kräfte**
54	**Quellensammlung**
65	**Weiterführende Texte**
65	Zur Inszenierung des Sakralen
68	Die neuen Personen
70	Der Ordo virtutum im geschichtlichen und geistigen Kontext
80	Aufbau und Symmetrie im Ordo virtutum
85	Metanoia: Das Hören der Mitte – Philologische Betrachtungen und andere Wortspiele
92	Der Tänzer
94	Gespräch mit Hildegard von Bingen
95	Das Leben der Hildegard von Bingen

VORWORT

Eine neue Zeit und neues Denken sind zu Schlagworten im öffentlichen und gesellschaftlichen Leben Europas geworden. Doch sind die Aufgaben, die Probleme und die Bedrohung des Lebens auf unserer Erde gleichzeitig weiter gewachsen: innere wie äußere Ungerechtigkeit, Umweltzerstörung, Krieg, Konflikte, Geiselnahme, Terror, Gewalt und Unterdrückung.

Diese Geschichte ist so neu wie sie alt ist und zeigt, daß die Wurzel unserer Existenz und der Schlüssel dazu in einem liegen: in Person und Individuum des Menschen; in seiner Gefährdung und in der immer wieder neu gestellten Aufgabe, ein unteilbares Ganzes zu werden. Neues Denken hat dort seinen Ursprung, und nur von dort aus kann es sich gestaltend frei entfalten. Die Personhaftigkeit des Menschen und damit der individuelle Wert seines Lebens wird jedoch auch heute immer wieder neu in Frage gestellt. Damit diese Worte also wirklich Flügel bekommen, müssen sie tiefer durchdacht werden.

Die Visionen und Prophezeiungen der hl. Hildegard von Bingen (1098 - 1179) sprechen in diese Situation wie sibyllinische Texte hinein. Sonderbar deutlich und akzentuiert erfaßt sie die Probleme unserer Zeit, schaut unsere Um- und Innenweltzerstörung und erkennt ihre eigentlichen Ursachen. Ihr Drama ORDO VIRTUTUM (Spiel der Kräfte) kann als das Zentrum des universalen Schaffens angesehen werden, das uns von dieser großen Frau bis heute erhalten ist. Es trägt am klarsten und reinsten den unverfälschten prophetischen Impetus dieser großen Seherin und Reformatorin und geht in seiner künstlerisch-visionären Tradition bis auf den Propheten David zurück: Die Bühne menschlichen Entscheidens ist seine eigene Seele, sein Verhältnis zu sich, zu Gott, zur Schöpfung und zu den Menschen, und prägt nicht nur ihn, sondern unmittelbar auch seine Umwelt. Genesis findet statt – Schöpfung – mit jedem Herzschlag der Seele, durch den Gott, der Schöpfer, zu uns spricht. „Ur-sprung" versteht sich hier geistig und künstlerisch, als Antwort auf die Fragen des Lebens:
In dem Maß, in dem wir das Herz – im Zentrum des Lebens – wieder neu zu uns sprechen lassen, entfaltet sich das Leben in uns wieder zu seiner ur-sprünglichen Fülle. Das nur individuell, aber nicht vereinzelt, sondern personal dialoghaft zu verstehende Drama der Menschheit ist gleichzeitig ein kosmisches Drama, denn der einzelne Mensch ist mit dem Kosmos verbunden. Das Geheimnis der Person ist ihr Dialog mit dem Schöpfer. Das Bild vom brennenden Dornbusch, der sich nicht verzehrt, taucht am Horizont auf. Neue Blumen in der Wüste der Menschheit.

Wie schon bei David entfesselt die Komplexität, Kompaktheit und Dichte dieser Nähe zum Ursprung die künstlerischen Quellen des Menschen und läßt sich umgekehrt auch nur noch auf künstlerischem, musikalisch-tänzerischem Wege darstellen. In enger Zusammenarbeit mit jener Abtei, aus der das Werk der hl. Hildegard neu hervorgegangen ist, wollen wir diese prophetische Schau in einem neuen Gewand in unsere Zeit übertragen.

Das vorliegende Buch umfaßt neben dem vollständigen Text der Neuinszenierung mit lateinischem Original und Neuübersetzung (Premiere: 30. August 1991 in der Benediktinerinnenabtei St. Hildegard in Eibingen - Rüdesheim) Quellenmaterial und eine weiterführende Textsammlung, die zu den Problembezügen des Werkes Stellung nimmt und einer vertieften Betrachtung des ORDO VIRTUTUM Raum geben soll. Es will über die Inszenierung hinaus den Zugang zu einem Werk fördern und die Beschäftigung und Auseinandersetzung mit ihm erleichtern, das in der europäischen Theater- und Geistesgeschichte eine einzigartige Stellung einnimmt.

Johannisberg, im Mai 1991
Bernward Konermann

Der Ordo Virtutum und die prophetische Sendung Hildegards von Bingen

Das vorliegende Drama ist aus „Scivias" („Wisse die Wege"), dem ersten Visionswerk der hl. Hildegard erwachsen. Was sie dort in 35 bedeutungsreichen Bildern über die Geschichte Gottes mit den Menschen schaute, das bringt sie hier auf den Kern ihres prophetischen Anliegens: Der Mensch ist als das „eigentliche Werk" Gottes, Inbegriff und Herz der Schöpfung, der strategische Punkt, an dem sich die Auseinandersetzung zwischen dem Werben der Liebe Gottes um sein Geschöpf und den rebellischen Kräften der Verneinung entscheidet.

Durch das persönliche Ringen des Einzelnen, durch seine Niederlagen oder Siege hindurch geht die Frontlinie eines gewaltigen kosmischen Kampfes um Heil oder Unheil, um Leben oder Tod. Der ORDO VIRTUTUM ist nicht in erster Linie „die Geschichte oder das Drama einer Seele", das heißt: ein Einzelschicksal, sondern Teil eines umfassenderen Geschehens. In der Schau Hildegards ist der Mensch eingeästet in die Schöpfung wie die Zweige in den Baum, und umgekehrt ist er selbst bis in die feinsten Gliederungen seines Leibes Inbild der gesamten Kreatur. Auf Grund einer solchen existentiellen Solidarität mit allem Geschaffenen übt er in Kraft seines Geistes einen großen Einfluß auf das Gesamt des Lebens aus. Er trägt darum Verantwortung. „O Mensch, du bist mir verantwortlich!", so mahnt Gott ihn an.

Der ORDO VIRTUTUM will eindrucksvoll zeigen, daß der Mensch – wenn er sich dem Kräftefeld Gottes, den Tugenden, aussetzt und sich zur Mitarbeit entscheidet – am Aufbau der neuen Welt in Christus mitwirkt.

Der Verderber (Teufel) verführt den immer fragenden und oft verunsicherten Menschen durch die List der Lüge. Eine andere Möglichkeit hat er nicht als die seines pervertierten Intellektes. Er will sein Opfer täuschen und zur Verzweiflung führen und letztlich durch das Geschöpf alle Welt zerstören. Was er verspricht, kann er nie einlösen, denn es ist Illusion.

Gott hingegen – so zeigt der ORDO VIRTUTUM überzeugend – wirbt spielend („ordo" = „Spiel", „Reigen", aber auch „geordnete Kampfreihe") um den Menschen. Seine überaus starken, heilenden und die Risikofaktoren abwehrenden Kräfte (aus dem Herzen des Schöpfers!) bieten darum in der Schönheit und dem Reiz jugendlicher Frauengestalten ihre Hilfe an.

Auf welche Stimmen wird die Seele des Menschen hören? Das ist die Frage des Dramas. Gott nimmt den Menschen in seiner Freiheit ernst. Er kann ihm die Entscheidung nicht abnehmen. „Du mußt kämpfen!" Der Versucher will über das Geschöpf gegen Gott rebellieren, Gott möchte über den Menschen alle Welt zur endgültigen Erlösung in den neuen Himmel und die neue Erde heimführen.

Höhepunkt des Werkes ist nicht der Sieg der Seele über die chaotischen Mächte, sondern der Text des Epiloges. Hildegard läßt Christus mit seinen noch offenen Wunden vor den Vater treten und an seine Güte appellieren. Bittend nimmt er Verantwortung für die immer wieder versagenden Glieder seines mystischen Leibes wahr und damit für die ganze Schöpfung. „Sei nun eingedenk, daß die Fülle, die im Anfang geschaffen, nicht hätte welken sollen … Vater, schau, meine Wunden streck ich dir entgegen."

In dem kleinen, auf den ersten Blick anspruchslosen Werk des ORDO VIRTUTUM faßt Hildegard den prophetischen Impetus, den ihr die Schau in die Welt Gottes und des Menschen vermittelt hat, dramatisch zusammen. Sie tritt damit vor jeden einzelnen Menschen, fragt ihn an und ruft ihn zur Entscheidung auf Leben und Tod – im Hinblick auf das Ganze.

Eibingen, Abtei St. Hildegard,
im Mai 1991

Sr. Caecilia Bonn OSB

Macht also Ernst und kehrt um!
Hört gut zu: Ich stehe vor der Tür und klopfe an.

Offenbarung des Johannes, Kap. 3, 19-20

Hildegard von Bingen, ORDO VIRTUTUM, Ausschnitt aus dem Rupertsberger Riesenkodex, Hessische Landesbibliothek Wiesbaden

ORDO VIRTUTUM

Vorbemerkungen zum Text

Der vorliegende Text besteht aus zwei Teilen.
Erstens: dem Original, aus dem Rupertsberger Riesenkodex (1180 - 1190), Wiesbaden, Hessische Landesbibliothek, Hs. 2 (kritisch ediert in: Hildegard von Bingen, Lieder, nach den Handschriften herausgegeben von Pudentiana Barth OSB, M. Immaculata Ritscher OSB und Joseph Schmidt-Görg, Otto Müller Verlag, Salzburg 1969),
und zweitens: neuen, hinzugefügten Textstellen, die das Gesamtbild des Werkes abrunden und weiter verdeutlichen sollen.

Das Original ist ohne jede Kürzung oder Änderung im Gesamttext enthalten; eine interpretierende und etymologisierende, dem einzelnen Wortsinn nachspürende Neuübersetzung ist dem lateinischen Text, so simultan wie möglich, angegliedert. Wo die deutsche Neuübersetzung an die Stelle des gesungenen lateinischen Originals tritt, ist diese vorangestellt; das lateinische Original tritt dann im Schriftbild zurück. Die einzige Figur, die im Original nicht singt, sondern lateinisch spricht, ist der Diabolus. Im vorliegenden Text übersetzt er sich entweder selbst, oder wird durch die daemones übersetzt und nachgeäfft, die im Original nicht vorkommen. Die Figur der Hiltgart Sibylla heißt im Originaltext „Anima" (Geist, Seele, Atem, Wind), und wird dort anfangs unterschieden in eine glückliche und eine unglückliche Seele, bzw. in einen Chor unglücklicher Seelen. Die antiqui sancti (die Heiligen des alten Bundes im Chor der Menschen) heißen im Originaltext „Patriarchae et Prophetae" (Patriarchen und Propheten). Vereinzelte lateinische Zusatztexte wie Überschriften oder Regieanweisungen wurden nicht übernommen.

An neuen Personen hinzugekommen sind neben den daemones und der Hiltgart Sibylla, die im Original an die Stelle der Anima getreten ist, der homo imperator, Hildegardis abatissa und Volmar secretarius und der chorus hominum. Die daemones tragen und bilden gleichzeitig die machina bestia, die sich auf Offb., Kap. 13 bezieht (vgl. Quellentexte). Die neu hinzugefügten Texte sind graphisch im Gesamttext abgesetzt und dadurch kenntlich gemacht. Vorlagen zu diesen Texten, soweit sie benutzt wurden, finden sich in der anschließenden Quellensammlung.

Die Zählung (1 - 87) – abgekürzt OV (= Ordo Virtutum) 1 - 87 – bezieht sich auf die Initiales im lateinischen Original.

Zum Inhalt

Der Schauplatz: die Seele

Eine junge Frau stürzt in den Raum, Hiltgart Sibylla, mit gezogenem Schwert. Sie wird verfolgt von Schreckbildern der Entfremdung und Zerstörung, von lebensbedrohlichen Krisen und Katastrohen. In ihrer Verzweiflung selbst schon fast einem Dämon gleichend, nimmt sie den Kampf mit den sie verfolgenden chaotischen Mächten auf, muß aber schließlich einsehen, daß sie ihnen aus eigener Kraft nicht lange wird standhalten können. In letzter Not ruft sie nach göttlicher Hilfe. Eine Schar himmlischer Kräfte erscheint, Frauen, die der Ausweglos-Kämpfenden Mut und Kraft zusprechen. Doch provoziert ihr Anspruch auch das Leben und Bewußtwerden einer Gegenkraft, die Vergötzung der Welt, deren scheinbare Macht die junge Hiltgart Sibylla schließlich zu Boden zwingt. Der Diabolus somit bleibt Sieger, und im Schmerz ihrer Niederlage verwünscht die Besiegte ihre Hoffnungen und Sehnsüchte, die sie faktisch als nicht-existent und für utopisch erklärt. So stirbt sie in eine Welt sehnsuchtsloser Selbstgenügsamkeit und stürzt in die weltimmanente Hoffnungslosigkeit und Depression der Vereinzelung.

Doch während sie und vor allem die aus ihr dissoziierten Gespenster in weltdauernder Trennung verharren, lassen die Frauen oder Kräfte des Himmels die Verbindung nicht abbrechen und umwerben den neu aufsprießenden Keim der Sehnsucht im Herzen Hiltgart Sibyllas. In einem langen, sich steigernden Drama und Kampf um das Leben und die Freiheit ihrer Seele umtanzen sie die Gefallene in den verschiedenen Qualitäten und Impulsen ihrer göttlichen Kraft, und langsam, Schritt um Schritt vorwärtstanzend und tastend, führen sie die Neophytin zu einem neuen Leben und Bewußtsein. In neugefundener Identität und Integrität kehrt sie zurück aus der Vereinzelung und Selbstzerrissenheit zu neuer Lebensfülle und Fähigkeit zur Gemeinschaft tragenden Verantwortung, Hingabe und Liebe. Aus ihrem ganz persönlichen Drama heraus versteht sie schließlich das Drama der Welt. Sie übernimmt den Hirtenstab und wird zu einer Prophetin für die kommende Zeit.

Eingerahmt wird die Handlung von der Person des homo imperator, dem herrschenden Weltmenschen. Ob er den Anspruch der Prophetin Hiltgart Sibylla schließlich aufnehmen kann, bleibt die Kernfrage des dramatischen Spiels.

Personen der Handlung

Hildegardis abatissa	die Äbtissin Hildegard von Bingen, Autorin des Werkes
Volmar secretarius	ihr Sekretär und Geheimkämmerer, der Mönch Volmar
homo imperator	der herrschende Weltmensch
Hiltgart Sibylla	die Seele als Ort des Kampfes und des göttlichen Ratschlusses
virtutes:	Kräfte, Boten und Identitäten der Tugend aus dem Herzen des Schöpfers
Scientia Dei	die Erkenntnis Gottes, eine Stimme, das Wissen um Gott
Humilitas	die Demut, der rechte Mut, Königin der Tugendkräfte
Caritas	die hohe, teure Liebe, Zartheit, Anmut, inneres Feuer
Timor Dei	die Gottesfurcht, das Aufzittern heiligster Kostbarkeit
Obedientia	der Gehorsam, das rechte Hören
Fides	der Glaube, frohes Vertrauen und Ja-Sagen
Spes	die Hoffnung, Öffnerin und helle Erwartung
Castitas	die Keuschheit, heilige Offenheit und Freiheit
Innocentia	die Unschuld, die dem Töten ausweicht, das Nicht-Tote tut
Contemptus mundi	die Weltverachtung, Zumesserin und Beimesserin des rechten Wertes, die der Welt ihre Mitte zurückgibt
Amor caelestis	die Liebe zum Himmlischen, die hell-klare Sehnsucht
Disciplina	die Disziplin, die das Geistige faßt und hält
Verecundia	die Ehrfurcht und Scheu, das Scham- und Zartgefühl, die Schau des Wahren
Misericordia	die Barmherzigkeit, die das Herz bei denen hat, die weinen und elend sind
Victoria	der Sieg, aktive Kämpferin gegen Falschheit und Lüge
Discretio	die Unterscheidungs- und Urteilskraft, Erkennen und Abwägen einer jeden Bestimmung
Patientia	die Geduld, das Ertragen- und Austragen-Können

Diabolus — der Lügner und Durcheinanderwerfer

daemones — unreife Kräfte, die der Lüge über sich und andere Raum geben

   machina bestia — die Maschine, das große Tier

chorus hominum — der Chor der Menschheit

antiqui sancti — die Heiligen des alten Bundes im Chor der Menschen

JHWH — Ich bin, die Stimme Gottes

ORT

In der Vierung unter dem Gewölbe,
im Zelt Gottes unter den Menschen

ZEIT

Weltzeit,
in jedem Schlag unseres Herzens

Ordo virtutum – Spiel der Kräfte

chorus hominum:

Deus creavit mundum.
(Gott schuf die Welt.)

chorus hominum, machina bestia:

mundus, mundus

homo imperator:

Die Welt, die Welt, die Welt!

chorus hominum, machina bestia:

mundus, mundus

Hildegardis abatissa:

Halt ein, du baust eine Ruine!

Halt ein, du baust eine Ruine!

Halt ein, du baust eine Ruine!

–

Zorntage liegen auf dir, Mensch!

Du bist ein Rebell und zerstörst alles grünende Leben.

Die Luft speit Schmutz aus, sie stinkt wie die Pest,

und Winde und Wasser sind voller Moder.

Die Elemente treten vor den Schöpfer

und klagen dich an.

Wer bist du, Mensch?
Hast keine Gerechtigkeit in dir, keine Liebe.
Öffnest dich nicht dem Wort deines Schöpfers.
Gier spricht aus deinen Taten,
verblendete Gier und die Hinfälligkeit deines Fleisches.
Du bist nicht,
willst aber haben, besitzen,
das Äußere dir einverleiben;
du zerstörst dich,
innen wie außen,
und findest den Menschen nicht mehr,
mordest, plünderst, raubst,
du gehst fehl
und fällst aus dir selbst,
fällst, fällst, fällst …

Hiltgart Sibylla:
Aaahh!!

daemones:
Horror, Horror, Terror, Terror,
Timor!
Horror, Horror, Terror, Terror,
Timor!

Hiltgart Sibylla:
Aaahh!!

daemones:

Horror, Horror, Terror, Terror,

Timor!

Hiltgart Sibylla:

Aaahh!!

–

Mutter!

Sion!

Steh mir bei!

Hildegardis abatissa:

Du hast alles, was du brauchst, in dir.

Schau in dein Herz:

Dort ruht das Wissen um Gut und Böse.

In deinem Innersten klopfe ich an

und rufe dich

bei deinem heiligen Namen.

Hör zu,

daß ich dir zu Hilfe eile;

mit jedem Herzschlag

klopfe ich an.

Ort des Kampfes, Ort der Entscheidung bist du.

Dein Vertrauen wird die Hilfe von mir erlangen.

Eröffne den Kampf. Entscheide dich.

Ich werde das Böse von dir nehmen

und dir die Kraft zum Guten geben.

Drehe das Rad deines Gewissens.

1   **Antiqui sancti:** (die Heiligen des alten Bundes im Chor der Menschen)

    Qui sunt hi, qui ut nubes?
    Wer sind diese, die wie Wolken?

2   **virtutes:** (Kräfte, Boten der Tugend)

    O antiqui sancti,
    O Heilige des alten Bundes,

    quid admiramini in nobis?
    was staunt ihr uns an?

    Verbum Dei clarescit in forma hominis,
    Das Wort Gottes leuchtet auf, ertönt, wird hell und klar in menschlicher Gestalt,

    et ideo fulgemus cum illo,
    und also funkeln wir, strahlen wir und blitzen in ihm,

    aedificantes membra sui pulchri corporis.
    da wir Feuerstätten legen,
    da wir bauen und entzünden die Glieder seines schönen, hell scheinenden Leibes.

3   **Antiqui sancti:**

    Nos sumus radices et vos rami,
    Wir sind die Wurzeln und ihr die Zweige,

    fructus viventis oculi,
    Früchte des lebenden Auges,

    et nos umbra in illo fuimus.
    und wir waren Schatten in ihm.

    Volmar secretarius:

    O Hildegard, was ist das?

    Hildegardis abatissa:

    Das Herz Gottes, das Herz des Vaters

    atmet seine innerste Kraft aus.

    Diese kommt zum Menschen

    und umgibt ihn wie ein königliches Diadem.

Wenn er sich mit dieser Kraft vereinigt, tut er das Gute
und wird klingende Person.
Er steht im Ursprung und Anfang, an der Quelle des Lebens,
und seine Seele
macht sich auf den Heimweg zum Vater.

Volmar secretarius:
Aber es sind viele.

Hildegardis abatissa:
So viele Herzen, so viele Türen zu Gott.
Sie sind Früchte vom Baume des Lebens,
von seinem Sohn uns geschenkt.
Jedes Werk, jede Tat, jede Aufgabe
braucht ihre eigene Kraft.

4 **Hiltgart Sibylla:**

O nos peregrinae sumus.
O wir, fremd, entfremdet, außerhalb der Heimat sind wir.

Quid fecimus, ad peccata deviantes!
Was haben wir getan? Mit dem Fuß gestrauchelt, abgeirrt vom Weg!

Filiae Regis esse debuimus,
Töchter des Königs hätten wir sein sollen,

sed in umbram peccatorum cecidimus.
doch in das Dunkel der Trennung stürzten wir hinab.

O vivens sol,
O lebendige Sonne,

porta nos in humeris tuis
trage uns auf deinen Schultern

in iustissimam haereditatem,
in das angestammte Erbe,

quam in Adam perdidimus.
das wir mit Adam, dem ersten Menschen, immer und immer wieder verloren haben.

O Rex regum, in tuo proelio pugnamus.
O heiligster König, König der Könige, in deinem Kampf kämpfen und streiten wir mit.

5   O dulcis Divinitas
O liebreiche Gottheit und göttliche Natur,

et o suavis vita,
und: o liebliches, zart-süßes Leben,

in qua perferam vestem praeclaram,
dorthin hintragen möchte ich das hell leuchtende Gewand,

illud accipiens,
das annehmen,

quod perdidi in primo apparitione,
was ich verlor beim ersten Aufscheinen des Lichts.

ad te suspiro
Zu dir dehnt sich mein Geist mit Seufzern

et omnes virtutes invoco.
und alle Kräfte rufe ich an.

6   **virtutes:**

O felix anima
O glückliche Seele, fruchtbare, gesegnete, an der Brust Gottes genährte und gesäugte Seele,

et o dulcis creatura Dei,
und: o liebreiches Geschöpf von Gott,

quae aedificata es in profunda altitudine
die du bist gebaut und entzündet in der unergründlichen und schöpferischen Tiefe

sapientiae Dei,
der Weisheit und Köstlichkeit Gottes,

multum amas.
viel liebst du.

7   **Hiltgart Sibylla:**

O wie gerne käme ich zu euch,
O libenter veniam ad vos,

daß ihr mir darreichen könnt den Kuß des Herzens.
ut praebeatis mihi osculum cordis.

8   **virtutes:**

   Nos debemus militare tecum, o filia Regis.
   Wir gehen unmittelbar aus dem Höchsten hervor
   und sind von dort her gehalten, vereint mit dir in starker Kampfschar zu dienen, o Königstochter.

9   **Hiltgart Sibylla:**

   O gravis labor et o durum pondus,
   O schwere Mühsal und o drückendes Gewicht,

   quod habeo in veste huius vitae,
   die ich habe im Gewand dieses Lebens,

   quia nimis grave mihi est
   denn überaus schwer ist es für mich,

   contra carnem pugnare.
   gegen das Fleisch, gegen das vom Leben getrennte alte Fleisch meiner Welt zu kämpfen.

10 **virtutes:**

   O anima, voluntate Dei constituta,
   O lebendes Wesen, aus Gottes Willen geschaffen,

   et o felix instrumentum,
   und o glücklicher Leib, glückliches Instrument, glückliche Sternensaat,

   quare tam debilis es contra hoc,
   warum bist du so schwach gegen das,

   quod Deus contrivit in virginea natura?
   was Gott längst ausgetilgt hat und unter den Füßen zerrieb in der neuen jungfräulichen Schöpfung? (Christus)

   Tu debes in nobis superare Diabolum.
   Du bist gehalten, in uns dem Durcheinander überlegen zu sein.

11 **Hiltgart Sibylla:**

   Eilt mir zu Hilfe, daß ich widerstehen kann !!!
   Succurrite mihi adiuvando, ut possim stare.

12 **Scientia Dei:** (Erkenntnis Gottes, Wissen um Gott)

   Schau, was das ist, womit du umgeben bist,
   Vide, quid illud sit, quo es induta,

   Tochter des Heils,
   filia salvationis,

und sei fest im Stand,
et esto stabilis

und niemals wirst du fallen.
et numquam cades.

13 **Hiltgart Sibylla:**

Ach, ich weiß nicht, was ich machen oder wohin ich fliehen soll.
O nescio quid faciam aut ibi fugiam.

O weh mir, ich kann das nicht verwirklichen, womit ich umgeben bin.
O vae mihi, non possum perficere hoc, quo sum induta.

Certe illud volo abicere.
Entschieden will ich das also abwerfen!

14 **virtutes:**

O infelix conscientia, o misera anima,
O unglückliches Bewußtsein, unfruchtbares, segenloses,
von Gottes Brust und Nahrung getrenntes Wissen, o arme, arme Seele,

quare abscondis faciem tuam
warum verbirgst du deine Eigenart und dein Gesicht

coram Creatore tuo?
im Angesicht vor deinem Schöpfer?

15 **Scientia Dei:**

Du weißt nicht um ihn,
Tu nescis

noch siehst du, kostest, schmeckst, riechst und empfindest du ihn,
nec vides nec sapis illum

der dich gemacht hat.
qui te constituit.

16 **Hiltgart Sibylla:**

Gott schuf die Welt,
Deus creavit mundum,

ich tu ihr kein Unrecht, aber ich will sie benutzen.
non facio illi iniuriam, sed volo uti illo.

17 **Diabolus:**

Narr! Narr!

daemones:

Fatue! fatue! Dumme Gans! Vor den Kopf geschlagen!

Diabolus:

Was nützt es dir, dich abzumühen?
quid prodest tibi laborare?

daemones:

Was nützt es dir, was ist dir angeschlagen, sich so anzustrengen,

so herumzuarbeiten?

Diabolus:

Schau auf die Welt!
Respice mundum,

daemones:

Schau auf die Welt, schau doch zurück, schau auf die Welt, die Welt!

Diabolus:

Sie wird dich umschließen mit großer Ehre.
et amplectetur te magno honore.

daemones:

Sie wird dich einen Esel nennen! Sie wird dich umfangen, umgarnen, umarmen, sich um dich herumflechten, mit Ruhm und Verehrung, mit großem Ansehen!

18 **virtutes:**

O plangens vox est haec maximi doloris.
O unheilvolle Stimme ist das in tiefster Schmerzensqual und Zerrissenheit,
aus der rechten Bahn gedrängt, abgeirrt verwirrt, wütend tosend flatternd, verschlagen und knatternd.

Ach! ach! quaedam mirabilis victoria
Ach! ach! welch wunderbarar Sieg

in mirabili desiderio Dei surrexit,
erhob sich im Staunen, Emporschauen und Sehnen nach Gott,

in qua delectatio carnis se latenter abscondit.
worin aber der alte Fall des Fleisches sich noch heimlich versteckte.

Heu! heu! ubi voluntas crimina nescivit,
Weh! ach! als das Wollen und Begehren den bösen Schrei noch nicht kannte,

et ubi desiderium hominis lasciviam fugit.
und als die staunende Sehnsucht des Menschen dem zum Wanken gebrachten, vom Fall bedrohten
Weg – Wissen und der Gewalt der Genußsucht entfloh und schnell lebendig enteilte.

Luge, luge ergo in his, innocentia,
Klage, klage also darüber, o Unschuld,

quae in pudore bono
die du in edler Scheu

integritatem non amisisti,
die heilige Offenheit und Unberührtheit nicht aufgegeben und verloren hast,

et quae avaritiam gutturis antiqui serpentis
und die du die schlingende Gier der alten, kriechenden Schlange und Schleiche

ibi non devorasti.
dort nicht hingenommen hast.

19 **Diabolus:**

Quae est haec potestas,

daemones:

Was ist denn dieses Können? Was ist denn diese Macht?

Diabolus:

quod nullus sit praeter Deum?

daemones:

Daß nichts ist außer Gott, daß keiner ist auch mehr als Gott,
daß niemand ist an Gott vorbei?

Diabolus:

Ego autem dico: …

daemones:

Ich aber sage, ichchchchch … aber sage, er aber sagt, er aber sagt: …

Diabolus:

Qui voluerit me et voluntatem meam sequi, dabo illi omnia.

daemones:

Wer mich will und meinem Willen folgt, dem werd' ich alles geben.

Diabolus:

Tu vero tuis sequacibus nihil habes, quod dare possis,

daemones:

Du hast tatsächlich nichts, nichts, nichts, nichts, nichts,
was du denen geben kannst, die dich um flattern, die dich umflattern.

Diabolus:

quia etiam vos omnes nescitis quid sitis.

daemones:

–

er sagt: ihr alle wißt ja nicht, sie alle wissen ja nicht,
wer sie sind, wer sie sind, wer sie sind.

20 **Humilitas:** (Demut)

Ego cum meis sodalibus bene scio,
Ich zusammen mit meinen Gefährtinnen weiß sehr gut,

quod tu es ille antiquus draco,
daß du bist jener alte Gier- und Greifdrache,

qui super summum volare voluisti,
der höher als das Allerhöchste fliegen wollte,

sed ipse Deus in abyssum proiecit te.
doch Gott selbst warf dich in unermeßlichen Ab-Grund:

21 **virtutes:**

Nos autem omnes in excelsis habitamus.
Wir aber alle wohnen vorwärtsschnellend durch Zuruf in immer weitere Höhen entboten.

22 **Humilitas:**

Ich, die Schlichtheit und Demut, Königin der Tugendkräfte, sage:
Ego humilitas, regina virtutum, dico:

Kommet zu mir, ihr Kräfte, und ich will euch innerste Nahrung geben,
Venite ad me, virtutes, et enutriam vos

um wiederzusuchen die verlorene Drachme, das Diadem von Ehre und Würde,
ad requirendam perditam drachmam

und um den zu krönen, der in behutsam getragener und ausgehaltener Liebe
et ad coronandum in perseverantia

in sich zur Wahrheit und fruchtbar geworden.
felicem.

23 **virtutes:**

O gloriosa regina et o suavissima mediatrix,
O ruhmvolle Königin und o liebreiche, sanfteste Ärztin und Mittlerin,

libenter venimus.
mit Freuden kommen wir.

24 **Humilitas:**

So, geliebteste Töchter,
Ideo, dilectissimae filiae,

bewahr und weiß ich euch im königlichen Brautgemach.
teneo vos in regali thalamo.

Hildegardis abatissa:

Der Mensch hat Angst vor Gott,

versteckt sich vor ihm, leugnet ihn,

sagt, daß es ihn nicht gibt.

Denn Gottes Leben bedeutet für ihn Spannung,

Arbeit, Kampf.

Das ist anders, wenn er sich umwendet

und Gottes einsichtig wird.

Die Kraft zum Leben, zum göttlichen Leben kommt von Gott selbst,

nur von dort.

Der Mensch muß sich nur

– mit allen seinen Widerständen –

Gott hingeben.

25 **Caritas:** (hohe, teure Liebe)

Ego caritas, flos amabilis,
Ich, die hohe Liebe, Blume voll Huld,

venite ad me, virtutes,
kommet zu mir, ihr Kräfte,

et perducam vos
und ich will euch führen

in candidam lucem floris virgae.
ins strahlende Licht der neuen Blume, aufgeblüht und stark.

26 **virtutes:**

O dilectissimae flos,
O erlesenste, teuerste Blume,

ardenti desiderio currimus ad te.
brennend vor Sehnsucht eilen wir zu dir.

27 **Timor Dei:** (Gottesfurcht)

Ego timor Dei,
Ich, die Gottesfurcht,

vos felicissimas filias praeparo,
euch glückseligste und aufs beste gestärkte Töchter rüste ich zu und bringe zum Licht,

ut inspiciatis in Deum vivum
daß ihr hinschaut auf den lebendigen Gott

et non pereatis.
und nicht verloren geht.

28 **virtutes:**

O timor, valde utilis es nobis,
O Furcht, wunderbar nützlich bist du uns,

habemus enim perfectum studium
wir haben darum vollendeten Eifer,

numquam a te separari.
niemals von dir getrennt zu werden.

29 **Diabolus:**

Euge! euge!

daemones:

He! He!

Diabolus:

quis est tantus timor?

daemones:

Wer ist denn diese große Furcht?

Diabolus:

Et quis est tantus amor?

daemones:

Und wer soll diese große Liebe sein?

Diabolus:

Ubi est pugnator et ubi est remunerator?

daemones:

Wo ist der Kämpfer, und wo ist der, der zurückzahlt?

Diabolus:

Vos nescitis quid colitis.

daemones:

Hihi, sie wissen nicht, was sie verehren.

virtutes:

Tu autem exterritus es
Du aber, aufgescheucht bist du

per summem iudicem,
vom höchsten Richter,

quia inflatus superbia
der du aufgebläht von Stolz

mersus es in gehennam.
versunken bist in die tiefste Hölle.

31   **Obedientia:** (Gehorsam)

Ego lucida obedientia, venite ad me,
Ich, hell und hallend von Licht, der Gehorsam; kommet zu mir,

pulcherimae filiae, et reducam vos
schönste Töchter, und ich will euch zurückführen

ad patriam et ad osculum Regis.
zu Heimat und Vaterland und zum Antlitz und Kusse des Königs.

32   **virtutes:**

O dulcissima vocatrix,
O süßester Ruf,

nos decet in magno studio pervenire ad te.
freundlich die Hände hinhaltend nehmen wir an, und überaus eifrig streben wir, zu dir hinzukommen.

33   **Fides:** (Glaube, Vertrauen und Ja-Sagen)

Ego fides, speculum vitae,
Ich, vertrauender Glaube, Widerschein und Spiegel des Lebens,

venerabiles filiae, venite ad me,
liebreizende Töchter, kommt zu mir,

et ostendo vobis fontem salientem.
und ich streck euch entgegen und zeig euch den sprudelnden, tanzenden, springenden Quell.

34   **virtutes:**

O serena speculata, habemus fiduciam
O heiterer, heller Widerschein, wir haben zuversichtlichen Glauben,

pervenire ad verum fontem per te.
zu gelangen zur wahren Quelle durch dich.

35   **Spes:** (Hoffnung)

Ego sum dulcis conspectrix viventis oculi,
Ich bin der zärtliche Blick des lebendigen Auges,

quam fallax torpor non decipit.
den betrügerische Starre nicht wegfangen und irreleiten kann.

Unde vos, o tenebrae, non potestis me obnubilare.
Darum ihr, o Dunkelheiten, könnt mich nicht umwölken.

36 **virtutes:**

O vivens vita et o suavis consolatrix,
O lebendiges Leben und o liebreiche Trösterin und Ermutigerin,

tu mortifera mortis vincis,
du, den todbringenden Tod bindest du,

et vidente oculo
und dem schauenden Auge

clausuram caeli aperis.
öffnest du des Himmels verschlossenes Tor.

37 **Castitas:** (Keuschheit, heilige Offenheit, Freiheit)

O virginitas, in regali thalamo stas.
O Jungfräulichkeit, du stehst im königlichen Brautgemach.

O quam dulciter ardes in amplexibus Regis,
O wie zärtlich entbrennst du in den Umarmungen des Königs,

cum te sol perfulget,
wenn dich die Sonne durchflammt,

ita quod nobilis flos tuus numquam cadet.
so daß deine kühne, edle und strahlende Blüte niemals zerfällt.

O virgo nobilis,
O edelste Jungfrau,

te numquam inveniet umbra in cadente flore.
dich wird niemals der schwarznächtliche Schatten auffinden in fallender Blüte.

38 **virtutes:**

Flos campi cadit vento, pluvia spargit eum.
Die Blume des Feldes fällt im Wind, Regen und Staub zerstreuen sie.

O virginitas, tu permanes
O heilige Offenheit, du durchfließt ewig lauschend und rauschend

in symphoniis supernorum civium.
die Himmelssymphonien der höchsten vertrauten Gefährten.

Unde es suavis flos, qui numquam aresces.
Daher bist du die liebliche Blume, die niemals verdorrt.

39 **Innocentia:** (Unschuld, das Nicht-Tote tun)

Fugite, oves, spurcitias Diaboli.
Eilt fort, wollichte Schafe, vor der Verunreinigung, vor dem Dreck des Durcheinanderwerfers.

40 **virtutes:**

Has te succurente fugiemus.
Von dir unterstützt eilen wir fort von ihm.

41 **Contemptus mundi:** (Weltverachtung, das Neu-Einspannen der Welt)

Ego, contemptus mundi, sum candor vitae.
Ich, die Zumesserin, die Geringachtung des Weltlichen, Übertrieben-Gezierten,
das Neu-Einspannen der Welt, bin des Lebens heller Glanz, Durchsichtigkeit, Natürlichkeit.

O misera terrae peregrinato in multis
O elende Erdenpilgerschaft und Erdentfremdung in all

laboribus, te dimitto. O virtutes, venite
der Mühsal, dich schicke ich fort. O ihr Kräfte, kommt

ad me, et ascendamus ad fontem vitae.
zu mir, und wir wollen emporsteigen, springen und tanzen zur Quelle des Lebens.

42 **virtutes:**

O gloriosa domina,
O glorreiche, ruhmvolle Herrin und Frau,

tu semper habes certamina Christi.
beständig führst du den Kampf und die sichere Entscheidung Christi.

O magna virtus, quae mundum conculcas,
O große Kraft, die du die Welt übertanzt,

unde etiam victoriose in caelo habitas.
damit auch siegreich im Himmel du wohnst.

> **Hildegardis abatissa:**
>
> Das ist die Kraft,
>
> lieber Volmar,
>
> daß im Auge des Sturms
>
> ein Kind
>
> schlafen kann.

Hildegardis abatissa:

Was bleibt, lieber Volmar,
wenn wir uns für das Kind entschieden haben,
für das Leben,
für Gott?

Volmar secretarius:

Hildegard, ich verstehe nicht …

Hildegardis abatissa:

Ja glaubst du denn, wir würden das Paradies
wie ein fertiges Geschenk
in den Schoß gelegt bekommen,
wir bräuchten uns gleichsam nur hinüberträumen,
ohne etwas eigenes zu tun? –
Das Paradies, das neue Jerusalem,
die neue Erde mit den neuen Menschen,
kann nur durch unsere Arbeit und Mitarbeit entstehen. –
Es ist gleichsam so, als wären wir schwanger, Volmar,
als hätten wir ein Kind empfangen.
Gott gibt uns die Kraft dazu.
Seine Kräfte umwerben und verbinden sich mit uns.
Doch austragen und gebären
müssen wir das Kind selber.
Du weißt, daß die ganze Schöpfung in Wehen liegt
und wartet auf die Herrlichkeit der Kinder Gottes.

Volmar secretarius:

Aber wie kann das geschehen, Hildegard?
Wir Menschen sind viel zu schwach,
wir sind gebrochen und krank.

Hildegardis abatissa:

Du hast recht, Volmar,
der Mensch allein ist zu schwach.
Er muß sich also der Liebe Gottes öffnen.
Nur in seiner Kraft und seiner Liebe
kann er das Werk vollbringen
und Freiheit und Leben finden. –
Der Mensch ist zum Hüter des Lebens
und zum Hüter der Schöpfung bestellt.
Im freien Spiel der Kräfte Gottes
findet er sich und das Leben.
–
Dieses Leben ist Christus.
–
Nicht ich lebe, lieber Volmar, sondern Christus lebt in mir.

Volmar secretarius:

Das hat Paulus gesagt.

Hildegardis abatissa:

Jeder Mensch soll es sagen.

Volmar secretarius:

Was heißt es?

Hildegardis abatissa:

Es ist die Auferstehung, die neue Geburt:

Ich lebe, doch nicht mehr ich, sondern Christus lebt in mir.

Volmar secretarius:

Habt ihr keine Angst, euch so aufzulösen?

Hildegardis abatissa:

Der neue Mensch in mir hat keine Angst;

erst durch die Auferstehung Christi

werde ich in meine eigentliche Freiheit gesetzt;

der alte freilich fürchtet sich noch;

der alte wird sterben,

doch mit dem neuen bin ich bereits auferstanden.

43 **Amor caelestis:** (Liebe zum Himmlischen, hell-klare Sehnsucht)

Ego aurea porta, in caelo fixa sum,
Ich, die goldene Pforte, im Himmel festgemacht bin ich,

qui per me transit, numquam amaram
wer durch mich hindurchgeht, wird niemals die unreife Bitterkeit

petulantiam in mente sua gustabit.
frechen Drauflosgehens vor der Süße in seinem Geist erkiesen, kosten und genießen wollen.

44 **virtutes:**

O filia Regis, tu semper es in amplexibus,
O Königstochter, du bist immer in jenen Umarmungen,

quos mundus fugit. O quam suavis
welche das Allzu-Weltliche flieht. O wie lieblich

est tua dilectio in summo Deo.
ist deine Liebe zum höchsten Gott.

45   **Disciplina:** (Disziplin, das Geistige auffassen, halten)

   Ego sum amatrix simplicium morum,
   Ich bin Liebhaberin einfacher, in sich eigener, reiner, unvermischter Sitten und Gemüter,

   qui turpia opera nesciunt,
   die von häßlichen Werken nichts wissen,

   sed semper in Regem regum aspicio,
   und immer schaue ich den König der Könige an,

   et amplector eum in honore altissimo.
   und ich umarme ihn in höchster Ehre.

46   **virtutes:**

   O tu angelica socia,
   O du englische Gefährtin,

   tu es valde ornata in regalibus nuptiis.
   du bist herrlich geschmückt bei der Hochzeit des Königs.

47   **Verecundia:**
   (Zurückhaltung, Scheu, Ehrfurcht, Scham- und Zartgefühl, das Sich-Umschauen und Gewahr-Werden, das Gewahr-Sein)

   Ego obtenebro et fugo atque conculco
   Ich bedecke die Unreinheit und allen Unflat des Teufels, ich lasse sie wieder ins Dunkel gleiten,

   omnes spurcitias Diaboli.
   verscheuche sie und übertanze sie und trete sie zuammen mit meinen Füßen.

48   **virtutes:**

   Tu es in aedificatione caelestis Jerusalem,
   Du bist beim Feuerbau des himmlischen Jerusalem,

   florens in candidis liliis.
   indem du blühst in glänzendweißen Lilien.

49   **Misericordia:** (Barmherzigkeit, das Herz bei denen haben, die weinen, weh-rufen und elend sind)

   O quam amara est illa duritia,
   O wie bitter unreif ist doch jene Härte,

   quae non cedit in mentibus,
   die sich nicht erweicht in der Gesinnung,

   misericorditer dolori succurens!
   um voller Erbarmen dem Schmerze zu Hilfe zu eilen!

Ego autem
Ich aber,

omnibus dolentibus manum porrigere volo.
allen, die zerrissen sind, die Hand entgegenstrecken will ich.

50 **virtutes:**

O laudabilis mater peregrinorum,
O, im Liede feierlich genannte Mutter der fremd Umherreisenden auf Wanderschaft,

tu semper erigis illos
du, immer richtest du jene wieder auf

atque ungis pauperes et debiles.
und salbst die Armen und Schwachen, berührst sie voller Zärtlichkeit.

51 **Victoria:** (Sieg)

Ego victoria, velox et fortis pugnatrix sum,
Ich, der Sieg, eine schnelle und starke Kämpferin bin ich,

in lapide pugno,
gegen steinern unbeweglichen Anstau kämpfe ich,

serpentem antiquum conculco.
die alte Schlange zertrete ich im kämpfenden Tanz.

52 **virtutes:**

O dulcissima bellatrix in torrente fonte,
O süßeste Kriegerin in glühreißendem Quellen, du gleichst einem Wildbach,

qui absorbuit lupum rapacem.
der verschlingt und aufschluckt den gefräßigen Wolf.

O gloriosa coronata, nos libenter militamus
O ruhmvoll Gekränzte, wir, gerne kriegen wir

tecum contra illusorem hunc.
mit dir gegen diesen Betrüger hier.

53   **Discretio:** (Unterscheidungskraft)

Ego discretio sum, lux et dispensatrix
Ich, die Unterscheidungskraft bin ich, Licht und genaues Abwiegen

omnium creaturarum in differentia Dei,
aller Geschöpfe und alles Geschaffenen in Gottes Unterschiedenheit,

quam Adama a se fugavit
die Adam, der Mensch von Anbeginn, von sich fortgetrieben hat

per lasciviam morum.
in seiner Sitten Ausgelassenheit, in seines Gemütes Zügellosigkeit,
im Wirbel seines Fortgetrieben- und Umhergetriebenseins.

54   **virtutes:**

O pulcherrima mater,
O allerschönster Lebensquell, allerschönste Nährerin und Mutter,

quam dulcis et quam suavis es,
wie süß und wie liebreizend bist du,

quia nemo confunditur in te.
denn in dir wird niemand verwirrt und seines Bodens entzogen,
fallend, abgründig, süchtig und bodenlos.

55   **Patientia:** (Geduld, das Ertragen-, Austragen-Können)

Ego sum columna, quae molliri non potest,
Ich bin die ragende Säule, die nicht weich und bröckelig werden kann,

quia fundamentum meum in Deo est.
weil mein Grund in Gott ist.

56   **virtutes:**

O firma, quae stas in caverna petrae,
O Feste, die hält, trägt, stützt, du stehst im Felsspalt,

et o gloriosa bellatrix, quae suffers omnia.
und o ruhmvolle Kriegerin, alles trägst du empor und erträgst du.

57 **Humilitas:**

O Töchter des Gottesstreiters, Töchter des Ringkampfes mit Gott,
O filiae Israel,

unter dem Baum, im Zentrum des Lebens,
sub arbore

hat Gott euch aufgerichtet und zum Leben erweckt.
suscitavit vos Deus.

Darum gedenkt, laßt euch in dieser Zeit in das Herz zurückgeben,
Unde in hoc tempore

erinnert euch:
recordamini

seiner Pflanzung.
plantationis suae.

Freut euch also, Töchter Sions!
Gaudete ergo, filiae Sion!

58 **virtutes:**

Heu! heu! nos virtutes plangamus
O weh! o weh! wir Gotteskräfte schlagen uns als Zeichen heftiger Trauer Brust und Arme, flattern, dröhnen, brausen

et lugeamus, quia ovis Domini fugit vitam.
und trauern, weil ein Schäfchen des Herrn vor dem Leben davonläuft.

59 **Hiltgart Sibylla:**

O ihr königlichen Kräfte,
O vos regales virtutes,

wie wohlgestaltet und wie strahlend seid ihr
quam speciosae et quam fulgentes estis

in der allerhöchsten Sonne,
in summo sole,

und wie süß ist euer Aufenthalt,
et quam dulcis est vestra mansio,

und deswegen o wehe mir,
et ideo o vae mihi,

daß ich von euch weglief.
quia a vobis fugi.

60 **virtutes:**

O fugitive, veni, veni ad nos,
O Entflohene, komm, komm, schreite aus zu uns,

et Deus suscipiet te.
und Gott wird dich aufnehmen.

61 **Hiltgart Sibylla:**

Ach! Ach! Brennend süßlicher Geschmack sog mich auf
Ach! ach! fervens dulcedo absorbuit me

ins falsche Gehen und in das Zerrissen-Sein,
in peccatis,

und darum habe ich mich nicht getraut,
et ideo non ausa sum

in die Mitte zu kommen.
intrare.

62 **virtutes:**

Noli timere, nec fugere, quia Pastor bonus
Hab keine Angst, lauf auch nicht fort, denn der Gute Hirt

quaerit in te perditam ovem suam.
sucht in dir sein verlorenes, vom Weg gekommenes Schäfchen.

63 **Hiltgart Sibylla:**

Jetzt kann ich nicht mehr zurück, ihr müßt mich aufnehmen,
Nunc est mihi necesse, ut suscipiatis me,

denn aus Wunden stinke ich,
quoniam in vulneris feteo,

mit denen die alte Schlange und Schleiche mich verunreinigt hat.
quibus antiquus serpens me contaminavit.

64 **virtutes:**

Curre ad nos, et sequere vestigia illa,
Laufe zu uns, und folge, füge dich ein jenen Fußstapfen, den Spuren unserer Schritte,

in quibus numquam cades in societate nostra,
in denen du niemals fällst, eingefügt in unsere Gemeinschaft, eingefügt in unsere Gemeinde,

et Deus curabit te.
und Gott wird dich heilen.

65 **Hiltgart Sibylla:**

Ich schlechter Mensch, der ich fehl ging am Fuß,
Ego peccator,

der ich vor dem Leben davongelaufen bin,
qui fugi vitam,

voller Geschwüre, voller heikler Punkte komme ich zu euch,
plenus ulceribus veniam ad vos,

daß ihr mir darreicht den neuen Schutz der Erlösung.
ut praebeatis mihi scutum redemptionis.

O du ganze Streitmacht der Königin,
O tu omnis militia reginae,

o ja, ihr, ganz wie strahlendweiße Lilien und reiner Purpur von Rosen,
et o vos, candida lilia ipsius cum rosea purpura,

neigt euch mir zu,
inclinate vos ad me,

der ich entfremdet von euch in der Verbannung verweilte,
quia peregrina a vobis exulavi,

und helft mir,
et adiuvate me,

daß ich mich im Blut vom Sohn Gottes wieder aufrichten kann.
ut in sanguine Filii Dei possim surgere.

66 **virtutes:**

O anima fugitiva,
O davongelaufener Atem, davongelaufene Seele,

esto robusta et indue te arma lucis.
sei stark wie Eichenholz und kleide, umhülle dich mit den Waffen des Lichts.

67 **Hiltgart Sibylla:**

Und du, o wahre Ermesserin, wahre Medizin, Demut der Erde,
Et o vera medicina, humilitas,

gewähre mir Wachstum und Hilfe,
praebe mihi auxilium,

denn der Hochmut hat mich in viele Fehler zerrissen, zerbrochen,
quia superbia in multis vitiis fregit me,

viele Narben mir zugefügt,
multas cicatrices mihi imponens,

nun fliehe ich zu dir,
nunc fugio ad te,

so nimm mich auf.
et ideo suscipe me.

68 **Humilitas:**

O omnes virtutes,
O ihr Kräfte all,

suscipite lugentem peccatorem
nehmet den trauernden Sünder

in suis cicatricibus propter vulnera Christi,
in seinen Narben, Schrammen und Striemen wegen Christi Wunden, im innigsten Geheimnis, auf,

et perducite eum ad me.
und führt ihn hin zu mir.

69 **virtutes:**

Volumus te reducere et nolumus te deserere,
Wir wollen dich zurückführen und dich nie verlassen,

et omnis caelestis militia gaudet super te.
und die ganze himmlische Streitmacht freut sich, jubelt über dich.

Ergo decet nos in symphonia sonare.
(Wir hören das,) also steht uns an, im Zusammenklang zu tönen und Himmelssymphonien anzustimmen.

70 **Humilitas:**

O misera filia, volo te amplecti,
Mein armes Kind und liebe Tochter, ich möchte dich umarmen,

quia magnus medicus dura et amara vulnera
denn der große Arzt hat wegen dir harte und beißende Wunden

propter te passus est.
erlitten.

71 **virtutes:**

O vivens fons, quam magna est suavitas tua,
O lebendiger Quell, wie groß ist deine Güte und dein Liebreiz,

qui faciem istorum in te non amisisti,
der du das Antlitz jener in dir nicht fortgeschickt hast,

sed acute praevidisti,
aber scharf hast du vorausgesehen,

quomodo eos de angelico casu abstraheres,
auf welche Weise du sie vom Engelssturz wegziehst,

qui se aestimabant illud habere
welche sich dünkten, das inne zu haben,

quod non licet sic stare.
was so nicht bestehen darf.

Unde gaude, filia Sion,
Also freue dich, Tochter Sion,

quia Deus tibi multos reddit,
denn Gott gibt dir viele zurück,

quos serpens de te abscidere voluit,
die die Schlange von dir trennen, dir entreißen und entziehen wollte,

qui nunc in maiori luce fulgent,
die jetzt aber in größerem Lichte aufflammen, (blitzen, strahlen, scheinen,)

quam prius illorum causa fuisset.
als zunächst die Sache jener gewesen wäre.

72 **Diabolus:**

Quae es,

daemones:

Wer bist du?

Diabolus:

aut unde venis?

daemones:

Und woher kommst du?

Diabolus:

Tu amplexata es me, et ego foras eduxi te.

daemones:

Du hast mich umarmt, und ich habe dich in die Weite geführt.

Diabolus:

Sed nunc in reversione tua confundis me.

daemones:

Aber wenn du jetzt alles zurücknimmst,
stürzt du mich in den Abgrund zurück.

Diabolus:

Ego autem pugna mea deiciam te.

daemones:

Ich aber werde durch meinen Kampf dich stürzen.

73 **Hiltgart Sibylla:**

Ich habe erkannt, daß alle deine Wege schlecht sind,
Ego omnes vias tuas malas esse cognovi,

und also lief ich fort von dir,
et ideo fugi a te,

jetzt aber, du Betrüger, kämpfe ich gegen dich.
modo autem, o illusor, pugno contra te.

74 Inde tu, o regina humilitas, tuo medicamine
Also du, o Königin Demut, mit deinen heilenden Kräften

adiuva me.
steh mir bei.

75 **Humilitas:**

O victoria, quae istum in caelo superasti,
O Sieg, der du jenen im Himmel überwunden hast,

curre cum militibus tuis
eile mit deinen Kriegern,

et omnes ligate Diabolum hunc.
und ihr alle, bindet diesen Zerstörer, diesen Teufel.

76 **Victoria:**

O fortissimi et gloriosissimi milites, venite
O ihr stärksten und ruhmreichsten Krieger, kommt, schreitet einher,

et adiuvate me istum fallacem vincere.
und helft mir, diesen Betrüger und Täuscher zu binden.

77 **virtutes:**

O dulcissima bellatrix in torrente fonte,
O süßeste Kriegerin in glühreißendem Quellen, du gleichst einem Wildbach,

qui absorbuit lupum rapacem.
der verschlingt und aufschluckt den gefräßigen Wolf.

O gloriosa coronata, nos libenter militamus
O ruhmvoll Gekränzte, wir, gerne kriegen wir

tecum contra illusorem hunc.
mit dir gegen diesen Betrüger hier.

78 **Humilitas:**

Ligate ergo istum, o virtutes praeclarae.
Bindet also diesen, o wunderbar aufscheinende Kräfte.

79 **virtutes:**

O regina nostra, tibi parebimus
O unsere Königin, dir dienen wir

et praecepta tua in omnibus adimplebimus.
und deine Weisungen werden wir in allem erfüllen.

80 **Victoria:**

Gaudete, o socii,
Freut euch, o Gefährtinnen,

quia antiquus serpens ligatus est.
denn die alte Schlange liegt gebunden.

81 **virtutes:**

Laus tibi Christe, Rex Angelorum.
Lob sei dir, Christus, König der Engel.

82 **Castitas:**

In mente Altissimi, o Satana,
Im Herz und Geist des Allerhöchsten, o Satan,

caput tuum conculcavi,
habe ich deinen Kopf übertanzt und zertreten,

et in virginea forma dulce miraculum colui,
und in jungfräulich offener Form das zärtlich erstaunte Lächeln gepflegt,
in Ehrfurcht umhegt, mich darin gedreht und herumbewegt,

ubi Filius Dei venit in mundum.
worin der Sohn Gottes kam in die Welt.

Unde deiectus es in omnibus spoliis tuis,
Daher bist du überworfen und herabgeworfen in all deiner geraubten, gestohlenen, abgezogenen Beute,

et nunc gaudeant omnes,
und jetzt freuen sich alle,

qui habitant in caelis,
die in den Himmeln wohnen,

quia venter tuus confusus est.
denn dein Gefräß ist zerstört und zusammengeworfen.

83 **Diabolus:**

Tu nescis quid colis,
du weißt nicht, worin du dich drehst und was du verehrst,

quia venter tuus vacuus est pulchra forma de viro sumpta,
denn dein Leib ist leer ohne die schöne, vom Manne empfangene Form,

ubi transis praeceptum, quod Deus in suavi copula praecepit!
Darin überschreitest du die Weisung,
die Gott durch die süßen Bande der Liebe setzte!

Unde nescis quid sis.
So weißt du gar nicht, wer und was du bist.

84 **Castitas:**

Quomodo posset me hoc tangere,
Wie könnte mich das berühren,

quod tua suggestio polluit
was dein Einflüstern und falsches Dazulegen beschmutzte

per immunditiam incestus!
durch unreife und unreine Unfreiheit, Unoffenheit,
selbstwollende Unzucht und auf sich zurückgefallene Selbstsucht!

Unum virum protuli,
Einen Mann habe ich hervorgebracht,

qui genus humanum ad se congregat
der das Menschengeschlecht zu sich zu einer Herde vereint

contra te per nativitatem suam.
gegen dich durch seine Geburt.

85 **virtutes:**

> O Deus, qui es tu, qui in temetipso
> O Gott, wer bist du, der in deinem Inneren du
>
> hoc magnum consilium habuisti,
> diesen großen Ratschluß trugest,
>
> quod destruxit infernalem haustum
> der das höllisch in die Tiefe gezogene zerstört und zernichtet hat
>
> in publicanis et peccatoribus,
> in Zöllnern und Sündern,
>
> qui nunc lucent in superna bonitate!
> die nun leuchten in himmlischer Güte!
>
> Unde, o Rex, laus sit tibi.
> Daher, o König, Lob sei dir.

86
> O pater omnipotens,
> O allmächtiger Vater,
>
> ex te fluit fons in igneo amore,
> aus dir ergießt sich der Quell in feuriger Liebe,
>
> perduc filios tuos in rectum ventum
> führe, geleite deine Kinder in günstigen Wind
>
> velorum aquarum,
> für die Segel der Wasser,
>
> ita ut et nos eos hoc modo perducamus
> so, daß auch wir sie auf diese Weise geleiten können
>
> in caelestem Jerusalem.
> in das himmlische Jerusalem.

Hildegardis abatissa:

> In allem uns gleich, außer der Sünde.

87 **Hiltgart Sibylla:**

> In principio omnes creaturae viruerunt,
> Im Anfang grünten alle Geschöpfe,
>
> in medio flores floruerunt,
> im Zentrum blühten die Blumen,

postea viriditas descendit,
dann schwand die Lebenskraft, die Grünkraft dahin,

et istud vir proeliator vidit et dixit:
und das sah der männlich-lebensstarke Kämpfer und Krieger und sprach:

Hoc scio,
Ich weiß es,

sed aureus numerus nondum est plenus.
aber die goldene Zahl ist noch nicht voll.

Tu ergo, Paternum speculum, aspice,
Du also, väterlicher Blick, schaue an,

in corpore meo fatigationem sustineo,
an meinem Leib ertrage ich Ermattung und Qual,

parvuli etiam mei deficiunt.
auch meine kleinen Kinder werden schwach.

Nunc memor esto,
Sei nun eingedenk,

quod plenitudo, quae in primo facta est,
daß die Fülle, die im Anfang geschaffen,

arescere non debuit,
nicht hätte welken sollen,

et tunc in te habuisti,
und damals trugest du in dir,

quod oculus tuus numquam cederet,
daß dein Auge niemals weicht und sich abwendet, weggeht,

usque dum corpus meum videres
bis daß du meinen Leib siehst

plenum gemmarum.
voll von Edelsteinen.

Nam me fatigat,
In der Tat, fürwahr, es ermüdet und quält mich, treibt mich bis zur Erschöpfung,

quod omnia membra mea
daß alle meine Glieder

in irrisionem vadunt.
in Spott und Verachtung wandeln und schreiten.

Pater, vide,
Vater, schau,

vulnera mea tibi ostendo.
meine Wunden streck ich dir entgegen.

Hiltgart Sibylla, virtutes:

Ergo nunc, omnes homines,
Also nun, ihr Menschen alle,

genua vestra ad Patrem vestrum flectite,
biegt eure Knie und Kraft zu eurem Vater, sehnt euch ihm entgegen,

ut vobis manum suam porrigat.
daß er euch seine Hand entgegenstreckt.

JHWH:

Ich bin

in allem bei dir,

als der, der ich da sein werde.

Hiltgart Sibylla:

Vor der Türe deines Herzens

steht eine wunderschöne Frau

und bittet um Einlaß.

Sie spricht zu dir:

Mich verlangt danach, bei dir zu bleiben,

und ich möchte, daß du mich auf dein Lager legst

und mir in liebender Freundschaft zugetan bist.

Deshalb umfange mich

entschlossen und mit starker Kraft

wie eine innig geliebte Freundin.

Denn der Urgrund,
aus dem ich hervorging,
ist die Liebe.

homo imperator:
Deus, Dei, Deo, Deum, Deo
–
Deus!

QUELLENSAMMLUNG

Der ORDO VIRTUTUM findet sich als Urfassung in der Visionsschrift „Scivias" („Wisse die Wege") III, 13, integriert in den Zusammenhang einer größeren Schau. Hildegard hat dieses Material für ihre Dramenfassung umgestellt und durch weitere Texte – zumeist ebenfalls aus ihrem Visionswerk – ergänzt.

Folgende Quellen gaben Anregungen für die zur hildegardianischen Dramenfassung neu hinzugefügten Textpassagen.

1
**Hildegard von Bingen,
Welt und Mensch I, 1, 1-2**

Und ich schaute im Geheimnis Gottes mitten in südlicher Luft ein wunderbares Bild. Es hatte die Gestalt eines Menschen, und sein Antlitz war von solcher Schönheit und Klarheit, daß ich leichter in die Sonne hätte blicken können als in dieses Gesicht. Und die Gestalt sprach: In aller Wirklichkeit ruhe ich als feurige Kraft, alles brennt allein durch mich, so wie der Atem die Menschen unablässig bewegt, denn ich bin das Leben und ich bin die Vernunft, die den Hauch des tönenden Wortes in sich trägt, durch das die ganze Schöpfung gemacht ist. Die Vernunft ist die Wurzel allen Lebens, und Gott selbst ist diese Vernunft, nach deren Ebenbild er den Menschen schuf. Am Menschen nahm er Maß für die Schöpfung, und so soll der Mensch mit der Schöpfung wirken, wie Gott den Menschen gewirkt hat. Bei der Erschaffung des Menschen waren ihm alle Elemente untertan, weil sie fühlten, daß Leben in ihm war.

2
Genesis 2, 2

Am siebten Tag vollendete Gott das Werk, das er geschaffen hatte, und er ruhte am siebten Tag, nachdem er sein ganzes Werk vollbracht hatte. Und Gott segnete den siebten Tag und erklärte ihn für heilig; denn an ihm ruhte Gott, nachdem er das ganze Werk der Schöpfung vollendet hatte.

3
Offenbarung des Johannes, Kap. 13

Die zwei Tiere
Dann trat der Drache ans Ufer des Meeres. Und ich sah ein Tier aus dem Meer auftauchen, das hatte zehn Hörner und sieben Köpfe. Auf jedem Horn trug es eine Krone, und auf seine Köpfe waren Herrschertitel geschrieben, die Gott beleidigten. (…) Der Drache verlieh dem Tier seine eigene Befehlsgewalt, seinen Thron und seine große Macht. (…) Die ganze Erde staunte

über dieses Tier und gehorchte ihm. Alle Menschen beteten den Drachen an, weil er seine Macht dem Tier verliehen hatte. Sie beteten auch das Tier an und sagten: »Wer kommt diesem Tier gleich? Wer kann es mit ihm aufnehmen?«

Das Tier durfte unerhörte Reden halten, mit denen es Gott beschimpfte. (…) Es machte Gott und seinen Namen verächtlich, ebenso sein Heiligtum und alle, die im Himmel wohnen. (…) Alle Völker und Nationen, Menschen aller Sprachen mußten dem Befehl des Tieres gehorchen. (…)

Dann sah ich ein anderes Tier aus der Erde kommen. Es hatte zwei Hörner wie ein Lamm, aber es redete wie ein Drache. Im Auftrag des ersten Tieres übte es dessen ganze Macht aus. Es zwang die Erde und alle, die auf ihr lebten, das erste Tier (…) anzubeten. Das zweite Tier tat große Wunder: Vor allen Menschen ließ es Feuer vom Himmel auf die Erde regnen. Durch die Wunder, die es im Auftrag des ersten Tieres tun konnte, wurden alle Menschen getäuscht, die auf der Erde lebten. Das Tier überredete sie, ein Standbild zu Ehren des ersten Tieres zu errichten. (…) Das zweite Tier konnte sogar das Standbild des ersten Tieres beleben, so daß dieses Bild sprechen konnte und dafür sorgte, daß alle getötet wurden, die es nicht anbeteten. Das Tier hatte alle Menschen in seiner Gewalt: Hohe und Niedrige, Reiche und Arme, Sklaven und Freie. Sie mußten sich ein Zeichen auf ihre rechte Hand oder ihre Stirn machen. Nur wer dieses Zeichen hatte, konnte kaufen oder verkaufen. Das Zeichen bestand aus dem Namen des Tieres oder der Zahl für diesen Namen.

Dazu braucht man Weisheit. Wer Verstand hat, der kann herausfinden, was die Zahl des Tieres bedeutet, denn sie steht für den Namen eines Menschen. Es ist die Zahl sechshundertsechsundsechzig.

Die Deutung des Gesichtes, insbesondere der Zahl 666, kennt verschiedene Auslegungen. Manche sehen in der Zahl die Verschlüsselung eines Namens (in der Antike wurden Zahlen durch Buchstaben geschrieben). Nero, Diokletian, ja Napoleon und Hitler werden als Möglichkeiten angeführt. Doch ist das Bild wohl weiter gefaßt. Wenn wir überlegen, wo in der Bibel selbst Zahlen Bedeutung erlangen oder eine Rolle spielen, so fällt zuallererst die Schöpfungsgeschichte ein. Gott schuf die Welt in sechs Tagen, und sechs Tage gab er dem Menschen als Werktag, als Tage der Arbeit. Am siebten Tage aber ruhte er von der Arbeit und heiligte sein Werk, heiligte seine Schöpfung. Die Sieben ist damit zur heiligen Zahl schlechthin geworden; die Sechs ist die Zahl der Welt, Wahrzeichen von allem, was Gott durch die Schöpfung gab und was der Mensch durch Arbeit aus ihr gewinnen kann. Die Sieben aber erst heiligt die Sechs. Erst durch die Sieben ist sie in die Vollkommenheit aufgenommen. Ohne die Sieben lebt sie als Abfall. In Daniel 3, 1 ff.wird das Maß des Bildes der Weltmacht, welches Nebukadnezar seinen Völkern zur Anbetung aufstellen ließ, auf 60 Ellen Höhe und 6 Ellen Breite angegeben. 10 ist die Zahl der Ökumenizität, da es sich um ein Weltreich handelt, 6 das Zeichen der Welt (ohne Gott). In 1 Könige 10, 14 und in 2 Chronik 9, 13 wird die Menge des Goldes, die Salomon jährlich gewann, mit 666 Talenten angegeben, um den Weltbesitz des Königs als das Höchste in dieser Art zu Erreichende darzustellen. Wie aber die sechs Schöpfungstage dem Sabbat gegenüberstehen, an dem der Mensch in Gott ruhen und das genießen soll, was die Welt nicht geben kann, so tritt in ähnlicher Weise die Zahl 6 überhaupt in Gegensatz zu 7, sie reicht nicht an die Sieben heran, das durch 6 Bezeichnete kommt nicht an die göttliche Vollendung.

4
Sequenz „Dies irae"

    Dies irae, dies illa
Solvet saeclum in favilla:
Teste David cum Sibylla.

    Quantus tremor est futurus,
Quando judex est venturus,
Cuncta stricte discussurus!

    Tuba, mirum spargens sonum
Per sepulcra regionum,
Coget omnes ante thronum.

    Mors stupebit et natura,
Cum resurget creatura,
Judicanti responsura.

    Liber scriptus proferetur,
In quo totum continetur,
Unde mundus judicetur.

    Judex ergo cum sedebit,
Quidquid latet apparebit:
Nil inultum remanebit.

    Quid sum miser tunc dicturus?
Quem patronum rogaturus,
Cum vix justus sit securus?

    Rex tremendae majestatis,
Qui salvandos salvas gratis,
Salva me, fons pietatis.

    Tag des Zornes, Tag der Sünden,
Wenn die Zeiten sich entzünden,
Wie Sibyll und David künden.

    Welch ein Graus wird sein und Zagen,
Wenn der Richter kommt mit Fragen
Streng zu prüfen alle Klagen!

    Wenn in der Posaune Tone
Er die Toten jeder Zone
Dann entbietet Seinem Throne.

    Schaudernd sehen Tod und Leben
Sich die Kreatur erheben,
Rechenschaft dem Herrn zu geben.

    Und ein Buch wird aufgeschlagen,
Treu darin ist eingetragen
Jede Schuld aus Erdentagen.

    Sitzt der Richter dann und richtet,
Wird auch Heimlichstes gelichtet,
Keine Schuld bleibt ungeschlichtet.

    Weh, was werd' ich Armer sagen,
Welchen Anwalt mir erfragen,
Wenn Gerechte selbst verzagen!

    König schrecklicher Gewalten,
Frei ist deiner Gnade Schalten,
Gnadenquell, laß Gnade walten!

5
Hildegard von Bingen, Der Mensch in der Verantwortung III, 2-3

Die Natur klagt über die Politik. Höre und schreibe auf, was mir die wahrhaftige Schau gezeigt hat: In einem wilden Schrei wandten sich die Elemente an den Mann Gottes: „Wir können nicht mehr laufen, und unsere Bahn nach unseres Meisters Bestimmung vollenden. Denn die Menschen kehren uns um, mit ihren schlechten Taten. Wie in einer Mühle von Unterst zu Oberst. Wir stinken schon wie die Pest und vergehen vor Hunger nach der vollen Gerechtigkeit." Und der Mann Gottes antwortete: „Mit meinem Besen will ich euch reinigen, und die Menschen solange verfolgen, bis sie sich wieder zu mir wenden. Mit den Qualen derer, die euch verunreinigt haben, will ich euch reinigen. Denn die Winde sind voller Moder und die Luft speit Schmutz aus, so daß die Menschen kaum wagen, den Mund zu öffnen; und die Grünkraft des Lebens welkt durch den verblendeten Wahnsinn gottloser Menschen. Jedes Geschöpf strebt seinem Schöpfer zu. Nur der Mensch ist ein Rebell."

Nachdem Gottes Gericht vollendet ist, sehe ich eine große Ruhe eintreten. Die Ewählten strahlen lichter als der Glanz der Sonne. Die Elemente leuchten in klarster Heiterkeit, als wäre ihnen eine schwarze Haut abgezogen worden. Golden glänzt das Feuer, klar die Luft, durchsichtig das Wasser, die Erde kennt keine Gebrechlichkeit mehr. Auch Sonne, Mond und Sterne leuchten in vollendeter Schönheit, wie kostbarer Edelstein in goldenem Grund. Aufgehört hat die Unrast des Kreisens, die Tag und Nacht geschieden hatte. Es gibt keine Nacht mehr. Es ist Tag. Das Ende ist gekommen.

6
Hildegard von Bingen, Wisse die Wege (Scivias) I, 4,1

Wo bin ich? Im Todesschatten. Ach, wie bin ich der Heimat so fern und gehe falsche Wege. Wer bin ich? Ein elendes Wesen – und doch bin ich zu Großem berufen.

Gott sandte seinen lebendigen Hauch in den trockenen Lehm.

Deshalb sollte ich Gott kennen und spüren.

Aber ach, seit ich erkannte, daß ich alle Welt erschauen könne, richtete ich meine Kräfte nach Norden (in die Region des „Nichts").

Darum bin ich gefangen – der Augen und der Freude beraubt.

Mein Gewand ist zerrissen.

Aus meinem Erbe bin ich vertrieben.

In der Fremde wurde ich entführt an einen Ort, der keine Schönheit und Würde hat.

Der schmählichsten Knechtschaft bin ich ausgeliefert.

Meine Bedränger trieben mich mit Faustschlägen zu den Trabern der Schweine.

Sie führten mich an einen trostlosen Ort, legten mich auf eine Kelter und quälten mich.

Sie zogen mir die Kleider aus und schlugen mich wund.

Als ich nun völlig entkräftet und niedergeschlagen war, spotteten sie und sagten: „Wo ist nun deine Ehre?"

Da zitterte ich und erbebte und sprach mit tiefen und schmerzlichen Seufzern: „O, wo bin ich? Der Himmel erhöre mein Rufen." Und die Erde erzitterte ob meiner Klage.

Denn meine Mutter hat mich verlassen. Ich gedenke deiner, o Mutter Sion, in der ich wohnen sollte, und schaue auf meine Ketten. Ich erinnere mich deiner Harmonien und blicke auf meine Wunden. Ich sinne nach über die Freude und den Jubel deiner Herrlichkeit … Wenn ich dich kennte, so trüge ich leichter meinen Schmerz!

Ich übersann die Größe meines Schmerzes und weinte und weinte bitterlich, weil ich meine Mutter verloren hatte.

Siehe, da wehte ein sanfter Wind einen wunderbaren Duft auf mich herab, von meiner Mutter mir zugesandt. O wie ich da seufzte und weinte, als ich diesen Trost verspürte. Ein solches Freudengeheul stieß ich aus, daß sogar der Berg, in dessen Spalt ich mich verborgen hatte, davon erschüttert wurde. Und es war mir, als sähe ich meine Mutter.

Meine Feinde hörten mein Rufen und sprachen: „Siehe, nun ruft sie die Bewohner des Himmels an. Darum müssen wir alle Künste aufbieten, damit sie uns nicht entfliehen kann." Da umnebelte mich der Rausch des Stolzes, so daß ich mir vorsagte: „Wie das sprossende Grün der Erde will ich wirken. Denn ich weiß, daß ich jegliches Werk in meiner Macht habe. Aber mein Begehren hemmt mich, so daß ich meine Werke erst durchschaue, wenn ich die grausame Wunde in mir spüre."

Viele Stürme erheben sich in mir und sprechen mit lügenhaften Stimmen: „Was sind das für Kämpfe, mit denen du dich abmühst? Unglückselige! Was sind das für Irrlichter, die dich zum Wahnsinn führen? Was dich erfreut, ist dir nicht erlaubt, und was dich ängstigt, dazu treibt dich das Gebot Gottes an. Besser wäre es, du wärest nicht."

Aber wenn ich mich durch die Gnade Gottes erinnere, daß ich von Gott geschaffen bin, dann antworte ich mitten in all der Bedrängnis: „Ich werde der gebrechlichen Erde nicht weichen, sondern männlich wider sie streiten."

Und ich schlug von neuem enge Pfade ein. Doch überfiel mich Müdigkeit, so daß mir fast der Atem ausging. Ganz erschöpft rief ich: „Wo ist deine Hilfe?" Da hörte ich die Stimme meiner Mutter: „O Tochter, eile; Flügel (Kräfte) sind dir verliehen vom allmächtigen Vater, dem niemand widerstehen kann. Darum fliege schnell über die Hindernisse hinweg."

Da kam gewaltige Kraft über mich. Ich nahm die Flügel und flog eilig über die Giftbrut hinweg.

Jetzt kam ich an ein Zelt, das aus gehärtetem Stahl gebaut war. In dieses trat ich ein und verrichtete von nun an die Werke des Lichtes, die ich zuvor die Werke der Finsternis getan. Ich baute und baute …

Während meiner Arbeit griffen meine Feinde an, doch keiner vermochte die Zeltwand zu durchbohren. Kühn lachte ich ihrer und sagte:

„Der Meister, der dieses Zelt gebaut hat, war stärker als ihr. Mit überaus starken Waffen gerüstet, habe ich scharfe Schwerter gegen euch gezogen und mich entschlossen verteidigt. Hinweg mit euch!"

Geistliche Freude durchdringt mich, da die Tugendkräfte in mir ihr Leben zu entfalten beginnen. So erfahre ich Gott.

7
Deuteronomium 30, 11-14

Nicht entrückt ist es Dir,
Nicht hoch im Himmel,
Daß Du sagst:
Wer steigt für uns hinauf
Und holt's uns.

Sieh nicht übers Meer,
Ist's nicht fern,
Daß Du sagst:
Wer fährt uns übers Meer hinüber
Und holt's uns.

Nein, sehr nah ist Dir
Das Wort:
In Deinem Mund
Und in Deinem Herzen,
Es zu tun.

8
**Hildegard von Bingen,
Wisse die Wege (Scivias) III, 10, 1-3**

O Mensch, schau in dein Herz. Woher kommt dir die Macht, so Großes zu bewirken? Viel ist dir gegeben, viel wird von dir erwartet. Viel Einsicht hast du von mir erhalten. Du kannst dich nicht entschuldigen, denn du hast damit alles, was du brauchst in dir; du hast das Wissen um Gut und Böse!

9
**Hildegard von Bingen,
Wisse die Wege (Scivias) III, 8**

Ich sah einen Aufstieg gleich einer Leiter von unten bis zur höchsten Höhe. Hellichte Kräfte aus dem Herzen des Schöpfers sah ich ab- und aufwärtssteigen und ihrer Arbeit nachgehen. Sie trugen Bausteine und strebten zielbewußt und eifrig, ihr Werk zu vollenden.

Und ich hörte, wie der Leuchtende, der auf dem Thron saß, sprach: „Das sind die starken Arbeiter Gottes. Sie sammeln sich zu ihrem heiligen Werk: dem Ausbau des menschgewordenen Gottessohnes in seinen Gliedern zur Vollendung der Welt." …

Wie Sturzbäche eilen sie an ihr Werk, sie sind die treibende Kraft im Wirken der Glaubenden. Der Strom aber fließt nicht zu den Menschen, die ihn zwar kennen, aber nicht zu ihm kommen wollen. Nein, sie müssen zu ihm hinzutreten, wenn sie sein Wasser zu schöpfen begehren. So tue der Mensch. Er trete zu Gott hinzu. Geschmeidig neige er sich zu dem Stein, den er aufheben und zum Bauwerk tragen will.

Das himmlische Jerusalem kann nicht durch irdische Hände allein erbaut werden. Es muß erstehen durch die Kräfte, die vom Himmel in die Menschen hernieder kommen. Sie haben ihre Herrlichkeit in dem, von dem sie ausgegangen sind. Die Herrlichkeit Gottes leuchtet in ihnen auf. Um so lichter wird es auf der Erde und wird Sion in ihrem Schmuck vollendet.

Starke Arbeiter sind sie –
unüberwindliche Streiter Gottes
und heilbringende Arznei
für die Wunden der Menschen.

10
Lukas 1, 34 f.

Maria sagte zu dem Engel: Wie soll das geschehen, da ich keinen Mann erkenne? Der Engel antwortete ihr: Der Heilige Geist wird über dich kommen, und die Kraft des Höchsten wird dich überschatten.

11
**Hildegard von Bingen,
Brief an Elisabeth von Schönau**

Menschen, die sich an einen Auftrag Gottes ausliefern, sollen immer bedenken, daß sie zerbrechliche Gefäße sind, denn sie sind Menschen. Sie sollen sich bewußt sein, was sie sind und sein werden. Was dem Himmel zugehört, sollen sie dem überlassen, der himmlisch ist, sie können nur die Geheimnisse Gottes künden wie eine Posaune, die zwar die Töne gibt, aber selbst nichts dazu tut. Ein anderer bläst hinein, damit sie töne. Den Panzer des Glaubens müssen sie anlegen und dabei ruhig, sanft, arm und elend bleiben, wie das Lamm war, dessen tönende Posaune sie sind. Einfältig muß ihre Haltung sein, wie die eines Kindleins. Denn Gott geißelt immer die, die seine Posaune sind …

12
**Hildegard von Bingen,
Der Mensch in der Verantwortung**

Und ich hörte die Stimme, wie sie vom Himmel sprach: „Der Mensch, der dies schaut und im Schreiben weitergibt, Er trägt Gottes Wunderdinge nicht aus sich selbst vor, ist vielmehr davon so ergriffen, wie eine Saite durch den Spieler ergriffen wird, um ihren Ton nicht aus sich, sondern aus dem Griff eines anderen wiederzugeben …

13
**Hildegard von Bingen,
Brief an Wibert von Gembloux**

Immer ist die zitternde Furcht in mir, weil ich keine Sicherheit irgendeines Vermögens in mir finde.

Doch strecke ich meine Hände empor zu Gott: Er möge mich halten, wie eine Feder, die ohne jedes Gewicht sich im Winde dahintreiben läßt. (…)

Wachend sehe ich all dies bei Tag und bei Nacht … Das Licht, das ich sehe, ist nicht an den Raum gebunden. Es ist viel lichter als eine Wolke, die die Sonne in sich trägt. Weder Höhe noch Länge noch Breite kann ich an ihm unterscheiden. Es wird mir als der „Schatten des lebendigen Lichts" bezeichnet. Wie Sonne, Mond und Sterne sich im Wasser spiegeln, so leuchten mir aus ihm die Schriften, Worte und Kräfte und manchmal auch Taten der Menschen gestalthaft entgegen … Was ich nicht sehe, das weiß ich nicht … Die Gestalt des Lichtes vermag ich nicht zu erkennen, ebensowenig wie ich in die volle Sonnenkugel hineinschauen kann.

Aber manchmal – nicht oft – sehe ich in diesem Lichte ein anderes Licht. Das wird mir „das lebendige Licht" genannt. Wann und wie ich es sehe, ist mir unmöglich zu sagen. Aber solange ich es sehe, ist alle Bedrückung und Beängstigung von mir genommen, so daß ich wieder wie ein junges Mädchen und nicht wie eine alte Frau bin …

Das Licht hat mich nicht verlassen … Wenn meine Seele in der Schau dieses Licht kostet, bin ich wie umgewandelt und vergesse … alle Schmerzen und Hemmungen.

Meine Seele trinkt wie aus einem Quell. Der Quell selbst bleibt voll und unerschöpft.

14
Paulus, Brief an die Galater 2, 20

…darum lebe nun nicht mehr ich, sondern Christus lebt in mir.

15
Johannes 1, 18

Niemand hat Gott je gesehen. Der Einzige, der Gott ist und am Herzen des Vaters ruht, er hat Kunde gebracht.

16
Paulus, Brief an die Römer 8, 18-31, 38

Ich bin überzeugt: Die künftige Herrlichkeit, die Gott für uns bereithält, ist so groß, daß alles, was wir jetzt leiden müssen, in gar keinem Verhältnis dazu steht. Alle Geschöpfe warten sehnsüchtig darauf, daß Gott seine Kinder vor aller Welt mit dieser Herrlichkeit ausstattet. Er hat ja die ganze Schöpfung der Vergänglichkeit preisgegeben, nicht weil sie selbst schuldig geworden war, sondern weil er sie in das Strafgericht über den Menschen miteinbezogen hat. Er hat aber seinen Geschöpfen die Hoffnung gegeben, daß sie eines Tages vom Fluch der Vergänglichkeit erlöst werden. Sie sollen dann nicht mehr Sklaven des Todes sein, sondern am befreiten Leben der Kinder Gottes teilhaben. Wir wissen, daß die ganze Schöpfung bis jetzt noch vor Schmerzen stöhnt wie eine Frau bei der Geburt. Aber auch wir, denen Gott doch schon als Anfang des neuen Lebens – gleichsam als Anzahlung – seinen Geist geschenkt hat, warten sehnsüchtig darauf, daß Gott uns als seine Kinder bei sich aufnimmt und uns vom Fluch der Vergänglichkeit befreit.

In der Hoffnung ist unsere Rettung schon vollendet – aber nur in der Hoffnung. Wenn wir schon hätten, worauf wir warten, brauchten wir nicht mehr zu hoffen. Wer hofft denn auf etwas, das schon da ist? Also hoffen wir auf das, was wir noch nicht sehen, und warten geduldig darauf.

Der Geist Gottes kommt uns dabei zu Hilfe. Wir sind schwach und wissen nicht einmal, wie wir angemessen zu Gott beten sollen. Darum tritt der Geist bei Gott für uns ein mit einem Flehen, das sich nicht in Menschenworten ausdrücken läßt. Aber Gott, der unser Herz kennt, weiß auch, was der Geist ihm sagen will. Denn der Geist tritt so für das Volk Gottes ein, wie es Gott gefällt.

Wir wissen: Wenn jemand Gott liebt, muß alles dazu beitragen, daß er das Ziel erreicht, zu dem Gott ihn nach seinem Plan berufen hat. Gott hat alle, die er ausgewählt hat, dazu bestimmt, seinem Sohn gleich zu werden. Denn als der Auferstandene soll er der erste unter vielen Brüdern sein. Alle aber, die Gott im voraus dazu bestimmt hat, die hat er auch berufen. Und wenn er jemand berufen hat, dann sorgt er auch dafür, daß er vor ihm bestehen kann. Und wer vor ihm bestehen kann, dem gibt er Anteil an seiner eigenen Herrlichkeit.

Was sollen wir noch weiter sagen? Gott ist auf unserer Seite, wer kann uns dann noch etwas anhaben? (…)

Ich bin gewiß, daß uns nichts von dieser Liebe trennen kann: weder Tod noch Leben, weder Engel noch andere Mächte, weder Gegenwärtiges noch Zukünftiges, weder etwas im Himmel noch etwas in der Hölle. Durch Jesus Christus, unseren Herrn, hat Gott uns seine Liebe geschenkt. Darum gibt es in der ganzen Welt nichts, was uns jemals von Gottes Liebe trennen kann.

Nr. 87 Hiltgart Sibylla – Virtutes

Hans Kraus-Hübner, ORDO VIRTUTUM, Partiturauszug

Weiterführende Texte

Zur Inszenierung des Sakralen

Die Neufassung ruht auf zwei Säulen: den überlieferten Originalteilen und den neu hinzugekommenen Elementen. Beide – alt und neu – sollen eine Brücke schlagen, einen Bogen, eine Wölbung, eingespannt in Raum und Zeit.

Sakrale Kunst liegt immer ein Stück weit außerhalb von Raum und Zeit, in Richtung auf die Ewigkeit. Darum auch die guten Kombinationsmöglichkeiten von modernem und altem Material im sakralen, der reinen Zweckwelt enthobenen Bereich, wie zum Beispiel von modernem Beton und alten romanischen Skulpturen, wenn das jeweilige Material und der architektonisch-bildnerische Raum eine sinnvolle Einheit ergeben und der geistigen Spannung genügen.

Dieses Prinzip, Altes mit Neuem zu verbinden, zieht sich auch durch alle Ebenen der Inszenierung. Ausgehend von der inhaltlich-spirituellen Basis über Text, Darstellung, Musik und Choreographie bis hin zu Kostümen, Maske, Licht und bühnentechnischen Effekten.

Die Kunst liegt hier wahrscheinlich zu einem großen Teil darin, das richtige Maß und die rechte Ausgewogenheit zwischen den verschiedenen Elementen zu finden. Wenn wir dieses Maßhalten als künstlerische Tugend schlechthin bezeichnen wollen, dieses Nachspüren und Nachempfinden einer im zutiefst Persönlichen liegenden Geschmacksbildung, dann kann dieses Werk und diese Tugend nur gelingen, wenn sie sich von dem Bereich aus bestimmen lassen, der eben das Sakrale ist. Doch wollen wir uns an dieser Stelle davor hüten, den Zugang dazu durch vorschnelle Absicht einzugrenzen, sondern jenem durch Zurücknahme unserer Zwecke die Möglichkeit eröffnen, unser Selbst, unseren Raum und unsere Umwelt zu erhellen.

Wenn das Ziel der Inszenierung jener zeitlos-sakrale Bezug ist, dann wird eine ausschließlich historische Betrachtung dem Ergebnis kaum genügen; andererseits dürfte eine das Historische völlig außer Acht lassende Betrachtungsweise auf die gleichen Schwierigkeiten stoßen: Verkürzung und damit Nicht-Erfüllung des Inhalts.

Wie sind wir vorgegangen? Das Historische liegt im Material selbst offen zu Tage – lateinische Sprache und gregorianischer Choral – und hat dort, wo wir von der Echtheit hildegardianischer Autorenschaft überzeugt sind, höchsten Weisungscharakter. Das betrifft vor allem den Text, der vollständig übernommen wurde, und seine trotz äußerst geringen Wortschatzes überhöhte Bildsprache, die sich insbesondere aus gesungener Liturgie und davidischen Psalmen nährt.
Die im Lateinischen verschlüsselte Botschaft des Urtextes bleibt somit im Original erhalten, da eine direkte Übertragung an

den meisten Stellen wenig sinnvoll erscheint. Die kulturgeschichtliche und semantische Festlegung und Veränderung der einzelnen Bedeutungen gebietet ein sehr vorsichtiges und langsames Herantasten an den ursprünglichen Wortsinn. Wichtigste Träger und Vermittler in unsere Zeit sind daher die Musik und die Bewegung des Tanzes, der in Geste und Ausdruckskraft der spirituellen Intention des Dramas seinem Ursprung und seiner Überlieferung nach am ehesten entspricht.

Doch auch die musikalische Bearbeitung, wo sie die überlieferten Teile zur Hand nimmt, bedient sich größter historischer Sorgfalt. Dem Geist ihres Ursprungs verpflichtet, bleiben so weite Passagen im Choral bestehen, allerdings sanft unterstützt und akzentuiert durch eine historisch vertretbare Instrumentierung und Orchestrierung, und durch Elemente konkreter Musik in einen erweitertenKontext gesetzt, um der ursprünglichen monastischen Kargheit und Strenge des gesungenen Chorals eine neue Transparenz zu verleihen. Abgelöst und sinnvoll ergänzt werden diese gregorianischen Originalteile durch eine moderne Komposition, die auf dem historisch vorgegebenen Klangkörper aufbaut, diesen aber gleichzeitig erweitert und neu überdenkt und damit eine harmonische und gleichzeitig spannungsreiche Beziehung zwischen alten und neuen Teilen schafft. Auf diese Weise wird eine musikalische Dichte, Farbkraft und Akzentuierung angestrebt, die dem sinnlich-spirituellen Gehalt des Werkes entspricht und die originäre Wucht des Dramas akustisch und klanglich unterstreicht.

Daraus ergibt sich weiterhin das dramaturgische Prinzip, daß gesungener Text – ob Original oder Neu-Komposition – lateinische Sprache verwendet, gesprochener Text deutsche. Nur der Diabolus fügt sich nicht in diese Architektur. Im hildegardianischen Original unterscheidet er sich von den übrigen Teilen dadurch, daß er als einziger nicht singt, nicht singen kann, keine sakrale, heilige und heilende Musik hat. Dieses Element konnten wir in die Neufassung nicht hinüberretten. Gesprochener Text der göttlichen Sphäre, sofern er aus dem Originalteil stammt, wird aber immer mit einem Bordun oder Klangbild unterlegt, und so ins Quasi-Musikalische emporgehoben.

Inszenatorisch läßt sich so das Zwei-Welten-Prinzip erhalten, ohne in platte Schwarz/Weiß-Malerei zu verfallen. Die eine Welt durchdringt ja die andere; nur die andere, in diesem Fall die „niedrigere", kann von sich aus die höhere nicht mehr erreichen. Sie existiert nur als Abfall, als Schatten, als eigene, innere Ausgrenzung von der höheren.

Theologisch, ethisch, physikalisch haben wir gelernt, daß die Unterscheidungen zwischen hell-dunkel, warm-kalt, gut-böse usw. wesentlich differenzierter und feiner vorgenommen werden müssen, letztlich im Bewußtsein des Geheimnisvollen, als ein platter Dualismus oder eine nur vordergründig verstandene Polarität – und damit deren Beliebigkeit oder Nivellierung – uns weismachen wollen. So haben auch wir Unterscheidungen getroffen, was Auftritte angeht, Bewegungsrichtungen und -qualitäten, Kostümierung, Farbe, Ausdruck und

Musik, elektrisches und Naturlicht etc., nicht jedoch, um ein geschlossenes Wirklichkeitsbild zu schaffen, aus dem die Realität fertig abgelesen werden kann, sondern um einen Bezug zu dem zu öffnen, das als das Sakrale in unserem Leben erscheint.

Dazu bedurften wir vor allem auch einer neuen und modernen spirituellen Sprache, die als zweite Säule sozusagen dem Originaltext gegenübersteht. Eine rein historische Betrachtung und Bearbeitung legt den Kern des Werkes nicht mehr frei, dazu ist inzwischen zu viel Zeit verstrichen. Der Kern liegt ja auch nicht in seinen rein-historischen Komponenten, sondern im Zeitlos-Sakralen.

Doch auch die neu hinzugefundene Sprache nährt sich aus dem Geiste Hildegards und aus ihren Bildern, geht jedoch noch weiter zurück. Sie benutzt ihre Quellen und steht damit im Ursprung ihrer und unserer geistigen Heimat. Die aber ist zeitlos.[1]

Aufgrund dieser Quelle fallen die benutzten Farben und Materialien nicht auseinander, im Gegenteil: Die unterschiedlichen Bausteine geben aufgrund ihrer inneren Bezogenheit wie bei einer trigonometrischen Messung erst den Blick auf die Quelle frei. Anders ausgedrückt: Zusammenklang und Brechung bringen den gemeinsamen Kern zum schwingen.

---

[1] Sicherlich können wir auch hier noch historische Fähnchen stecken: Abraham, Israel, Moses am Sinai, die Offenbarungstexte, das neue Testament, später Augustinus, Antonius, Benedikt und andere christliche Autoren des ersten Jahrtausends, auf Umwegen Platons Akademie und griechisches, ja arabisches Denken; die eigentliche Quelle aber, um die ihr Denken kreist, ist Christus, der fleischgewordene Logos.

Die neuen Personen

Die Notwendigkeit der neuen Sprache verlangte unmittelbar auch nach neuen Personen, die dieser Sprache Raum und Stimme geben konnten. Erst als die Personen gefunden waren, konnte sich auch die Sprache entwickeln.

Die Figur des homo imperator lehnt sich in ihrem historischen Kern an Kaiser Friedrich Barbarossa an (der in Kontakt zu Hildegard von Bingen stand), ist jedoch ebenso auf die modernen Kriegsherren und Diktatoren des 20. Jahrhunderts wie auf einen jeden von uns anwendbar. Der homo imperator ist der herrschende Weltmensch, in gewisser Weise das „alter ego" Hiltgart Sibyllas, der vom homo sapiens, dem noch schmeckenden, einsichtigen Menschen, über den Frisch'schen homo faber sozusagen zum homo imperator geworden ist, dem wirkenden Tatmenschen, der mit Willen zur Macht und ohne Rücksicht sich selbst entwirft, seine eigene Umwelt schafft (die auch zur Umwelt der Anima wird) und daran, in sich befangen, zugrunde geht.

Die Figur der Anima ist im hildegardianischen Original noch etwas unklar, am wenigsten personalisiert beziehungsweise auf mehrere Personen aufgespalten. Mehrere Indices, unter anderem auch Scivias I, 4, lassen den Schluß zu, daß sich hier in erster Linie Hildegard selbst ausspricht.
Die daraus neu erwachsene Figur der Hiltgart Sibylla, der Seele als Ort des Kampfes und des göttlichen Ratschlusses, soll die in diesem Punkte etwas ungenaue Vorlage dramatisch konkretisieren und einen deutlicheren Schlüssel zur Identifizierung und Identifikation anbieten.
Die daemones figurieren dabei wie psychodramatische Hilfs- oder Teil-Iche, die noch nicht in die Integrität und Individualität der Seele eingeholt werden konnten, und damit höchst labil und ungeschützt gegenüber den Angriffen des Teufels bleiben. Chorisch und choreographisch beziehen sie sich sowohl auf Hiltgart Sibylla, wie auch auf den Diabolus und den homo imperator. Ihre Identität bleibt ungeklärt. Sie haben keine.

Der chorus hominum steht zu Anfang im Kräftefeld Gottes, wird aber vom homo imperator und von den daemones verführt. Die Ursache des Abfalls liegt im Einzelwesen der Lüge, dem Diabolus, der von den virtutes „alte Schlange", „alter Drachen" genannt wird. Der chorus hominum taucht im Stück nicht mehr auf. Durch die Lüge ist er zerfallen. Erst im neu zu schaffenden Jerusalem wird er wieder erstehen.

Die antiqui sancti, die Heiligen des alten Bundes im Chor der Menschen, erkennen beim Aufscheinen der virtutes Christus im Kräftefeld Gottes, und erkennen, daß in ihm der Bau des neuen Jerusalem, der neuen Schöpfung, bereits begonnen hat.

Die beiden „naturalistischen" Figuren der Hildegardis abatissa und des Volmar secretarius kommentieren und beobachten das Geschehen. Sie sind die Autoren des ORDO VIRTUTUM. In der Tradition des

Mysterienspiels stehend, tragen sie als Personen „vor dem Vorhang" eine weitere Spielebene in das Theater. Von außerhalb der Grenzen des gegebenen Raumes vermitteln sie so einen neuen Geruch und einen neuen Geschmack, und es gelingt ihnen, von jenseits der Zeit die verworrene Wirklichkeit des Menschen durch das Spiel der Kräfte glaubend umzudeuten.

Hildegardis abatissa ist eigentlich die Sibylle, jener geheimnisvolle, dem gemeinen Verständnis entzogene Mensch, der im Feuer und Geist Gottes steht. Der Kampf, die innere Gebrochenheit und Zerrissenheit, den Weg der Reife zur Äbtissin und Sibylle zeigt Hiltgart Sibylla, die ja eigentlich noch keine Sibylle ist. Hiltgart Sibylla steht in der Zeit, Hildegardis abatissa eigentlich außerhalb. In der Gegenüberstellung dieser beiden, das Drama zu einem wesentlichen Teile tragenden Personen, die ja eigentlich die gleiche sind, bekommt das oben genannte inszenatorische „Zwei-Säulen-Prinzip" noch einmal ein besonderes statisches Gewicht, um der Person Hildegards und ihrem Werk eine neue Durchsichtigkeit und Transparenz zu verleihen.

Das Schlußbild gibt diese bipolare Konstruktion jedoch auf. Es will einzig noch auf das Geheimnis der Trinität Gottes verweisen, in der nach christlicher Auffassung die Identität der menschlichen Person – und damit seine Existenz überhaupt – letztlich begründet sind.

Der Ordo Virtutum
im geschichtlichen und geistigen Kontext

Hildegard von Bingen – eine Nonne, ein weiblicher Mönch – schreibt ein Theaterstück. Theater und Theologie – wie geht das zusammen?

Aber nichts anderes war und ist Theater: praktizierte Theologie, die Frage nach der Existenz des Menschen. Wird sie nun fröhlich, traurig, ironisch, verzweifelt, sarkastisch oder heiter gelassen vorgetragen, – die Frage läßt sich nicht verbergen. (Selbst wenn „Godot" nicht erscheint, er bleibt doch tonangebend, bleibt Spielmacher.) Natürlich ist das unterhaltend: diese Frage i s t unser Lebensstoff.

Fragen heißt im Griechischen: erotáo. Platon wußte das schon längst. Eros ist Frage, Suche nach Antwort, Suche nach der Lösung des Rätsels, Suche nach dem Vollkommenen. (eréo = fragen, suchen. eráo = heftig verlangen, lieben)

Die Ursprünge des Theaters liegen im Shamanisch-Kultischen; von jeher also dort, wo der Mensch Wege und Einsichten ins Transzendente sucht, in das die Welt umfangende Geheimnis, um von dorther Hilfestellung und Heilung für unsere diesseitige Welt zu erfahren.
„théatron" im Griechischen heißt: »Schaubühne«; „theáomai": »schauen, im Geiste erkennen«; „theós": »reiner Geist, Gott«.

Im antiken griechischen Theater war dieser Zusammenhang noch sehr deutlich. Im Rund der Orchestra stand der Altar des Dionysos, im Publikum stets ein steinerner Ehrensitz für seinen Priester, und hinter den Bauten der Szene lag – den Blicken verborgen, doch von allen gewußt – der heilige Hain der Gottheit.
Das Schauspiel war Prospekt vor dem unbetretbaren Mysterium, Klang, der von drüben herüberdrang und „personal" durchs Maskenspiel der Schauspieler, Tänzer und Sänger hindurchtönte.
(personare [lat.] = hindurchtönen)
Viele Theater waren in Heiligtümer und Sanatorien eingebunden. Die großen Tragödiendichter selbst waren häufig ihre Priester. Sophokles war ein Priester des Asklepios.

Im letzten großen Stück der Antike, den Bakchen des Euripides, bricht dieser kultische Zusammenhang noch einmal deutlich hervor – und zusammen. Für Euripides entlarvt sich der mythologische Boden als nicht mehr tragfähig.
Sein Zeitgenosse Platon wird noch deutlicher: Wir sitzen wie Gefangene in einer Höhle. Das Spiel vor dem Prospekt sind nur Schattenrisse.
Der Mythos – und mit ihm das Theater – verlor seine Kraft. Die Welt war reif für den Logos.

Danach ist im antiken Europa kein bedeutendes Theaterstück mehr geschrieben worden. Was uns aus Rom an dramatischen Werken überliefert ist, sind eigentlich nur Wiederaufnahmen der bekannten Themen und – als dunkelstes Kapitel der europäischen Theatergeschichte – die schrecklichen Perversionen der spätrömischen Unterhaltungsindustrie.
Kein Wunder, daß die Kirchenväter dem Theater überwiegend ablehnend gegenüberstanden. Platon hatte ja recht.
Mit dem Zusammenbruch der politischen Struktur entzog sich dem Theater schließlich auch seine gesellschaftliche Existenzgrundlage. Lediglich Byzanz bewahrte eine gewisse Kontinuität der Tradition, war aber vom Westen mehr und mehr isoliert.

Die ersten zaghaften Versuche, das Theater neu zu beleben, kennen wir im Abendland aus der karolingischen Renaissance. Doch im Gegensatz zur suchenden Öffentlichkeit in der griechischen Polis und dem, was später „Öffentlichkeit" genannt wurde (von platter Zurschaustellung bis zur dumpf-kalten Zerfleischung), lagen jetzt die Ansatzpunkte zu den neuen theatralen Formen tief im Inneren, hinter dicken, schützenden Mauern verborgen.
Welche Voraussetzungen hatten sich geändert?
Das Wort war Fleisch geworden, Maria hatte „Ja" gesagt zu dem Gänzlich-Unbegreiflichen. Und Mönche und Nonnen bauten sich Klöster mit blühenden Gärten – voller Früchte und Heilpflanzen – und entwarfen Bilder zu jener neuen Identität und Integrität, die mit der Zeitenwende in diese Welt eingepflanzt worden war.
Mönche und Nonnen waren auch die ersten, die das Theater neu zu entdecken begannen. Angilbert (745 - 814) ist hier zu nennen, Notker, der Stammler, (840 - 912) und Tutilo (- 915?) aus St. Gallen oder auch Roswitha von Gandersheim (935 - 975). Doch von den

meisten wissen wir wenig, und Roswithas theatrale Versuche lehnten sich noch sehr an römische Vorbilder an, sie waren nicht zur Aufführung bestimmt und als reine Lesedramen gedacht.

Die erste eigenständige, wirklich neue und in sich geschlossene nachantike Theaterschöpfung, die wir kennen, ist der ORDO VIRTUTUM von Hildegard von Bingen. In diesem Sinne überhaupt das erste von einer Frau geschaffene Bühnenwerk, von dem wir wissen. Hildegard selbst hat es der Überlieferung nach mit ihren Bingener Klosterschwestern in der Abtei auf dem Rupertsberg zur Aufführung gebracht. 1500 Jahre nach Euripides.

Was war anders? Was war neu? Seit Marias „Ja" zur Verheißung des Engels und der Geburt Christi steht unsere Welt im Zeichen fortwährender religiöser Entschleierung. Als Christus den tiefsten Punkt unserer Gebrochenheit im Kreuzestod durchschritt, riß der Vorhang im Tempel mitten entzwei (Mt 27, 51). Ein theatrales Symbol?

Der Maler Matthias Grünewald (1470/75 - 1528) malt in seinem Isenheimer Altarbild den Vorgang dieser fortwährenden Entschleierung von der Verkündigung bis zur Auferstehung Christi. Schon das Verkündigungsbild zeigt einen zur Seite geschobenen Vorhang. Doch dann tritt Maria – voll der Gnade – aus dem Innenraum heraus. Der ist zwar inzwischen kunstvoll durchbrochen, überhöht und angefüllt, doch im Grunde genommen immer noch Platons „Höhle". Hier draußen, in der freien „Natur" (natura [lat.] = die Ewig-geboren-werdende) bringt sie das Gotteskind zur Welt. Der Himmel bricht auf und schenkt sich der Erde zurück. Mit in diese Landschaft hineingemalt hat Grünewald das Kloster der Hildegard von Bingen auf dem Rupertsberg, Zeichen der Teilhabe an der neuen Kultur der Offenheit des neuen Menschen auf der neuen Erde. Die Art und Weise, wie der Maler die Abtei ansiedelt zwischen Himmel und Erde, zwischen Schöpfer, Schöpfung und Erlöser, zeigt: Grünewald sieht Hildegard von Bingen als eine der bedeutendsten Persönlichkeiten der Geschichte auf dem Wege dieser Entschleierung.

Das Engelskonzert, insbesondere aber die zwischen geöffnetem Himmel und Kloster auf- und absteigenden Kräfte und Boten, wirken dabei wie eine Grünewaldsche, ins Bild gefaßte Interpretation des hildegardianischen „Spiel der Kräfte".

Abbildungen auf den folgenden Seiten: Isenheimer Altar;
linker Innenflügel: „Die Verkündigung",
linker Mittelteil: „Das Engelskonzert",
rechter Mittelteil: „Die Geburt",
rechter Innenflügel: „Der Auferstandene"

Die Theaterform, die die Alten zur höchsten Vollendung getrieben hatten, war die Tragödie: das Lied über die Gebrochenheit des Lebens und der „Beschwörungsgesang des Zeugungstriebes", will man das Wort vom Ursprung her verstehen. Diese Form ist gekennzeichnet durch eine stets gleiche, sich zum Ende hin steigernde Spannungskurve: 1. Einführung, 2. Bündelung, 3. Entscheidung, 4. Steigerung, 5. Zusammenbruch bzw. Auf-bruch. Auch das neue Drama kennt diese Spannungskurve – auch die Gebrochenheit, das Tragische in unserer Existenz, hat Hildegard nicht aufgehoben, die große Lebenssehnsucht und gleichzeitige Lebensunvollkommenheit, die uns am Grund der Seele treibt – und doch ist alles anders gewichtet und überlagert von neuen Momenten:

Der letzte Satz im Epilog des hildegardianischen ORDO VIRTUTUM kann als Motto für das ganze Stück gesehen werden: „Ergo nunc, omnes homines, genua vestra ad Patrem vestrum flectite, ut vobis manum suam porrigat." Wir übersetzen: „Also nun, ihr Menschen alle, biegt eure Knie und Kraft zu eurem Vater, sehnt euch ihm entgegen, daß er euch seine Hand entgegenstreckt." Das Knie (genu) ist von alters her der Ort der Kraft. In dem Beugen oder Biegen dieser Kraft (flectere), in dem Sich-Sehnen, kommt der menschliche Eros, seine Sehnsucht zum Ausdruck. Wir können das Märchen von den Sterntalern als anmutende Deutung für das, was hier gemeint ist, anwenden: Ein armes Mädchen verschenkt, als es darum gebeten wird, nach und nach alles, was es hat, ein Stück Brot, eine Mütze, eine Jacke, schließlich ihr letztes Hemd. So völlig mittellos und nackt des Nachts auf einer Wiese stehend wird sie plötzlich vom Himmel überreich beschenkt. Das ist das „porrigat" des Vaters im ORDO VIRTUTUM. Auch die verschwenderische Schlußnotation dieses „porrigat" schon im überlieferten Original gibt dieses – ob gewollt oder eher „zufällig" sei dahingestellt – sinnreich wieder. Im „porrigat" antwortet die Überfülle der Liebe des Vaters auf die Bewegung des Eros, auf die Sehnsucht des Menschen – wenn sie sich zum Vater wendet („ad patrem vestrum flectite").

Das Sterntalermädchen steht ursprünglich, nackt unter dem Himmel. Plötzlich fallen Sterne vom Himmel, und sie hat auch wieder ein Hemdchen an, „das aber war aus feinstem Linnen". Das Hemdchen aber ist die Person. Mit ihrem Hemdchen, mit ihrer Person fängt sie auf, was aus der Überfülle des Vaters auf sie herabkommt[2].

---

[2] Es soll hier nicht behauptet werden, unsere Deutung sei die einzig zulässige. Es kommt uns hier darauf an, den Zusammenhang zu klären, und da scheint uns das angegebene Beispiel ein gutes Hilfsmittel zu sein.
Zum Symbolgehalt des Gewandes der Person vgl. auch 1. Könige 19, 19; 2. Könige 2, 8-15; Gebrüder Grimm, Das Märchen von den sechs Schwänen; etc. Letztlich weisen Ursprung und Bedeutung des Wortes „Person" selbst auf diesen reichen Symbolgehalt hin. Jede kultische, das Geheimnis umhegende, und theatrale, das Geheimnis offenlegende, Praxis bestätigen es. Im ORDO VIRTUTUM selbst wird diese Symbolik (die Verbindung von Gewand und Person) überdeutlich. Vgl. dazu OV 5, 9, 12, 13, 22, 66. Von Ferne klingt diese Symbolik auch an in OV 1 (nubes), 2 (Forma hominis) (membra sui pulchri corporis), 3 (umbra), 86 (velorum aquarum). Die Anima persona ist Atem, Wind, Hauch (anemos = Wind), klingende, durchscheinende Person; eine Membran, ein Begegnungspunkt, eine Schwingung, ein Kuß (OV 7: osculum cordis). Pierre Teilhard de Chardin sagt: Gott berührt uns wie mit zwei Fingern mit den langen Armen seiner Hände; einmal durch die Geheimnisse der äußeren Welt von außen her, und dann durch die Geheimnisse der inneren Welt von innen her (vgl. auch: Pierre Teilhard de Chardin; Lobgesang des Alls; Messe über die Welt; Christus in der Materie, Die geistige Potenz der Materie). Dort wo die Finger Gottes sich berühren, sind wir. Wir sind der Kuß der inneren Geheimnisse mit den äußeren Geheimnissen. Weiter kann unser Bewußtsein nicht vordringen. Die Mystik nennt diese Begegnung die „Unio", das letzte Getragenwerden und die Verschmelzung der Seele mit Christus, dem fleischgewordenen Logos. Der Gedanke dieses Hingewiesen-Seins der Person – in ihrer eigentlichen Befreiung – auf Christus wird wenig später fortentwickelt.

Diese zwei Bewegungen und Richtungen, die Sehnsucht, die Suche, der Eros des Menschen – auch seine Anstrengung, sein Zweifel – und die freie, übervolle, selbstlose Antwort und Liebe des Vaters begegnen einander im ORDO VIRTUTUM und bestimmen sein Wesen. Die erste Bewegung wird hauptsächlich von Hiltgart Sibylla, der Anima, getragen, die zweite von den virtutes. Die virtutes kommen vom Himmel, dem Raum des Zweckfrei-Sakralen, aus dem Altarraum und dem dahinter liegenden Chor; Hiltgart Sibylla kommt von der Erde, den Menschen, dem Publikum.

Gleich zu Anfang des Stückes kommt diese neue Dynamik zum tragen: „Qui sunt hi, qui ut nubes?" – „Wer sind diese, die wie Wolken sind?" Religiöse Entschleierung gleich zu Beginn. „Was staunt ihr uns an?", ist die Antwort: „Gottes Wort erstrahlt in Menschengestalt ..." Was aber soll dieses »schleierhafte« Wort von den „Wolken"?

Matthäus, Kap. 17, beschreibt, wie Jesus seine Jünger Petrus, Jakobus und Johannes mit auf einen hohen Berg nimmt: „Und er wurde vor ihren Augen verwandelt; sein Gesicht leuchtete wie die Sonne, und seine Kleider wurden blendend weiß wie das Licht. Da erschienen plötzlich vor ihren Augen Mose und Elija und redeten mit Jesus. Und Petrus sagte zu ihm: Herr, es ist gut, daß wir hier sind. Wenn du willst, will ich hier drei Hütten bauen, eine für dich, eine für Moses und eine für Elija. Noch während er redete, warf eine hell-leuchtende Wolke ihren Schatten auf sie, und aus der Wolke rief eine Stimme: Das ist mein geliebter Sohn, an dem ich Gefallen gefunden habe; auf ihn sollt ihr hören. Als die Jünger das hörten, bekamen sie große Angst und warfen sich mit dem Gesicht zu Boden. Da trat Jesus zu ihnen, faßte sie an und sagte: Steht auf, habt keine Angst! Und als sie aufblickten, sahen sie nur noch Jesus."

Eine „hell-leuchtende Wolke". Sicherlich keine meteorologische Erscheinung. Goethe weist darauf hin, daß zumindest im Deutschen „hell" und „hallen" etymologisch verwandt sind. Aus der leuchtenden Wolke ruft eine Stimme. Die Jünger, die sie hören, werfen sich angstvoll zu Boden.
Sehr machtvoll scheint die Stimme zu sein. Sie „ruft". Doch Jesus berührt seine Jünger und spricht ihnen Mut zu. „Und als sie aufblickten, sahen sie nur noch Jesus."
Was die Stimme aber sagt, ist sehr zart. Sie beruft sich auf Jesus, den „Christus". Das ist: »der Gesalbte«, »der Von-Gott-zart-Berührte« (chrío [griech.] = salben, über etwas hinstreichen, sanft berühren; cheír = die Hand, die Macht). „Das ist mein geliebter Sohn, an dem ich Gefallen gefunden habe; auf ihn sollt ihr hören." Zum Schluß ein Befehl: „Hört auf ihn."
Die Wolke wirft ihren »Schatten« auf sie. »Schatten« – gotisch: »skadus«. Das griechische Wort, das dem Text zugrunde liegt, ist »skéne« (Szene). „skéne" – »Schatten« – heißt gleichzeitig auch: Wohnung, Haus, Hütte, Zelt. Im Lateinischen ist das: Tabernaculum.

Hildegard von Bingen geht mit dieser Schöpfung eigentlich ganz in den Ursprung des Theaters zurück: in das reine Schauen. Und dort erfährt sie unsere Existenz nicht als auf sich alleingestellt, sondern als umfangen und umworben von jenem großen

Geheimnis, das der liebende Gott ist. Dieser liebende Gott hat sich für uns in Christus inkarniert. Er trägt s e i n menschliches Antlitz; und in diesem menschlichen Antlitz kann das Ewig-Gute uns personal entgegentreten. Christus ist Gott. Ein großes Geheimnis. Aber menschlich-fleischlich-körperlich lassen sich göttliche Kräfte auf der Bühne unseres Lebens wieder darstellen. Wohlgemerkt: wirkliche Kräfte, keine Gestalten der Mythologie, sondern wirklich geglaubte göttliche Kräfte.

Die neue Szene: Das Zelt Gottes unter den Menschen. Die Juden wanderten mit diesem Zelt durch die Wüste. Später etablierten sie es im Tempel. Vor dem Allerheiligsten der Vorhang. Unbetretbares, bilderloses, unsichtbares Geheimnis. Wir draußen eigentlich immer noch „drinnen", immer noch in Platons Höhle. Doch jetzt schenkt sich das Geheimnis in die „Höhle" hinein. Der Vorhang im Tempel zerreißt. Gott offenbart sich[3].
Hat sich die Darstellung dadurch geändert? Chorischer Reigen, Tanz und Prophetie, ja Epiphanie, die Erscheinung des Göttlichen, das alles finden wir wieder, nur nicht erst am Schluß des Stückes, beim Auftritt des „Deus ex machina", sondern schon zu Anfang.

Wir können also wieder Theater spielen. Aber hat sich keine erdrückende Allmacht hergestellt?
Der Ordo Virtutum scheint das Gegenteil zu beweisen. Gott – in seiner unendlichen Güte – hat auch das Theater wiederhergestellt, die Übermacht der Sinnentleerung gebrochen und das „Tragische" im positiven Sinn gerettet. Die Sinne sind mit Sinn gefüllt.
Zeugungstrieb ist Lebenstrieb; und Gott antwortet auf die erotisch-suchende Bewegung des Menschen mit der Überfülle seiner zweckfreien und hingebenden, aber dennoch werbenden Liebe.

Die menschliche Seele, als Zentrum im Ordo Virtutum, bleibt frei. Erst im freien Spiel der Kräfte kann sie ihre Fühler für das werbende Lied der Liebe Gottes wieder angstlos entfalten. Auf dem Höhepunkt ihrer freien Entscheidung erlebt sie so – im Innersten ihres Herzens – die M e t a n o i a, den Sinneswandel. metá [griech.]: inmitten, zwischen. nûs: Sinn, Wahrnehmung, Einsicht, Vernunft, Gesinnung, Gemüt, Seele, Herz. noéo: vernehmen.

„Metanoia" heißt also eigentlich: „Das Hören der Mitte" – „Die Mitte des Hörens".

---

[3] „Höhle heißt im Lateinischen „specus"; „speculum" heißt „Spiegel, Abbild, Widerschein". Dieses Wort spielt in Hildegards Sprache eine zentrale Bedeutung. Vgl. auch specula = Hoffnungsschimmer; specula = Beobachtungsstelle, Warte, Höhe, Gipfel; speculatio = Betrachtung; speculator = Kundschafter, Erforscher; spero = (Gutes) erwarten, hoffen; spes = Hoffnung; specto = schauen, blicken; spectator = Zuschauer, Beobachter; spectaculum = Schauspiel, Theater; specio = spähen; speciosus = wohlgestaltet, schön klingend; specimen = Probestück, Muster, Vorbild, Zierde; species = Sehen, Anblick, Blick, Aussehen, Erscheinung, Gestalt, Vision, Bild, Schönheit, Pracht, äußerer Glanz, Schein, Ideal, Musterbild, Art.

Aufbau und Symmetrie im Ordo Virtutum

Bevor wir in die sinnlich-innere Mitte des ORDO VIRTUTUM und damit in das Denken der prophetischen Schau der hl. Hildegard vordringen wollen, scheint es von Nutzen, die Struktur dieses Schau-Spiels noch einmal von sehr weit außen zu betrachten.
Wie bereits erwähnt, stoßen wir dabei auf den klassischen fünfteiligen Schritt der antiken Tragödie: 1. Einführung (OV 1-8); 2. Bündelung, der erste Ausbruch des Konfliktes (OV 9-24); 3. Entscheidung oder Umwandlung, jener Punkt ohne Wiederkehr, wo „der Pfeil abgeschossen wird", an dem die Handlung endgültig ihre entscheidende Richtung bekommt (OV 25-56); 4. Steigerung und endgültiger Ausbruch des Konfliktes (OV 57-81); 5. Auf-bruch, Transzendenz (OV 82-87).

Wenn wir bei der klassischen Tragödie von einer sehr „männlichen" Spannungskurve ausgehen wollen, so sei es erlaubt, hier von einer „weiblichen" Verlagerung zu sprechen: Der Punkt der Entscheidung ist wesentlich weiter und differenzierter gefaßt; auch die Transzendenz, die Schau, bekommt eine deutlich größere und stärkere Gewichtung. Im klassischen Drama ist dieses meistens nur ein kurzes Aufglimmen. Doch wollen wir dieses Bild nicht überstrapazieren; etwas anderes ist wichtiger: Die im soeben angezeigten Aufbau sich bereits ankündigende äußere Symmetrie wurde von Hildegard auf eine viel sublimere Weise bis ins Innerste durchkomponiert. Dadurch erreicht das Stück eine Erhabenheit und Schwebung, die alle am rein Äußeren stehenbleibenden Interpretationen dieses Werkes in sich selbst ad absurdum führen.

Was ist gemeint? Betrachten wir im Wesentlichen Abschnitt 3 (OV 25-56), das „Brautgemach" (OV 24), die Entscheidung und Umwandlung. Wir nennen ihn den „inneren Ordo", den eigentlichen Schautanz der göttlichen Tugendkräfte. Er taucht in der „Urfassung", Scivias III, 13, noch nicht auf, ist in Scivias III, 8 und III, 3 zwar lose vorgezeichnet, doch vom eigentlichen Entwurf hier originär.

15 virtutes werden vorgestellt. Sie treten einzeln aus dem chorischen Reigen heraus, bleiben aber stets auf die Gesamtheit und das Zusammenspiel dieser göttlichen Aura bezogen. Die Art ihres Hervortretens ist die des Dialoges.
Zählen wir durch, dann ist Contemptus mundi die Mitte. Wenn Contemptus mundi die Mitte ist, dann müßten Innocentia und Amor caelestis, die Tugendkraft vor und die Tugendkraft nach ihr, einander entsprechen oder einander ergänzen, ebenso Castitas und Disciplina, die nächst äußeren, Spes und Verecundia, Fides und Misericordia und so fort. Tatsächlich sind Innocentia und Amor caelestis die beiden einzigen Kräfte, in deren Dialog mit dem Chor das Wort „fugere" in seiner intransitiven Bedeutung auftaucht: „eilen, entfliehen"; als würde sich ein innerer Ring von äußerster Geschwindigkeit um das Zentrum des Ordo fügen und sammeln.

Der nächst äußere Ring oder Kreis ist der der Flamme. Ausgerechnet Castitas und Disciplina (Keuschheit und Zucht) stehen in der Sprache höchsten erotischen Feuers. Oder können es nur sie? Sind sie die einzigen, die diese Flamme zur Wahrheit tragen können?

Spes ist die Öffnerin, Verecundia die Schließerin. Beide stehen im Licht; beide bekämpfen das Dunkel (tenebrae – obtenebro). Bei beiden taucht noch einmal der Moment der Geschwindigkeit auf, wenigstens indirekt. Verecundia: fugo – hier aber transitivisch gebraucht im Sinne von: wegscheuchen, vertreiben; Spes: fallax torpor non decipit – „betrügerische Starre kann (mich) nicht wegfangen".

Fides ist hell, heiter, sprudelnd, tanzend. Misericordia ist diejenige, die sich des Weinens erweicht und im Herzen erbarmt, des Weh-Rufens und Klagens. Mag sein, daß wir hier die Symmetrie zunächst nur noch als Gegenpoligkeit auffinden können, es mag auch davor gewarnt werden, den Text zu eng auszulegen, doch sei zumindest soviel gesagt, daß im Leben echter Barmherzigkeit, wenn wir ihr begegnen, ihre immer wieder verblüffende Fröhlichkeit und Heiterkeit auffällt. (Verströmende Heiterkeit gehört zum Beispiel zu einer der spirituellen Aufgaben im Orden Mutter Teresas.) Es scheint also ein Zusammenhang zwischen Fides und Misericordia zu bestehen.

Tatsächlich verflüchtigt sich aber das Prinzip der Symmetrie im ORDO VIRTUTUM etwas, je weiter wir nach außen gehen, beziehungsweise: es wird schwerer für uns aufzufinden. Obedientia und Victoria erscheinen gänzlich gegensätzlich, die eine als innehaltender, hörender Gehorsam, die andere als mitreißend schnelle Initiative; die eine wendet sich ab vom Betrüger, zurück zur Heimat des Vaters, die andere wendet sich aktiv gegen den Feind, um ihn zu besiegen.

Zu Timor Dei und Discretio sei nur so viel gesagt, daß beider Element das des Schauens und Hinschauens ist (bei Timor Dei jedoch in der Qualität des Erkennens der Kostbarkeit, um die es geht, und damit der Sorge um es; bei Discretio schon in der Qualität des genauen Unterscheidens und sicheren Abwägens, die jede Gefährdung des Mißbrauchs oder des Irrtums weit hinter sich gelassen hat), – zu Caritas und Patientia so viel, daß beiden das Element des stolzen Auftragens, des Edlen und der Anmut eignet (als Blume bzw. Säule); beide scheinen sehr schön zu sein, doch Caritas ist zarter, spielerischer, Patientia ist ernster.

Die hier im Inneren aufgezeigte Symmetrie setzt sich auch nach außen weiter fort. In den Abschnitten 2 (OV 9-24) und 4 (OV 57-81) finden sich die großen Auseinandersetzungen Hiltgart Sibylla – Diabolus, in Abschnitt 2 der Abfall der Hiltgart Sibylla, in Abschnitt 4 ihre Aufnahme.
In beiden Abschnitten finden sich zwei meditative Einschübe (OV 18 und 71). In Scivias III, 13, der Urschrift oder Vorlage zum ORDO VIRTUTUM, waren sie ursprünglich ein zusammenhängender und zusammengehörender Teil vor dem Beginn oder Aufscheinen des Spiels. Hildegard von Bingen hat dieses Stück in zwei Hälften aus-

einandergeschnitten und in die Handlung des letztlich edierten Schauspiels ORDO VIRTUTUM eingebaut als meditativen, oder sagen wir besser: chorischen, die Handlung reflektierenden und kommentierenden Gesang der virtutes. Der erste Einschub folgt direkt auf die erste Gegenüberstellung Hiltgart Sibylla – Diabolus, der zweite liegt genau vor der letzten Begegnung der beiden.

Ganz zu Anfang und ganz zum Schluß ihres Werkes hat Hildegard von Bingen noch einmal zwei Teile angefügt, den „Prolog" (OV 1-3) und den „Epilog" (OV 87).

Wir haben versucht, dieser Symmetrie auch in der neuen Textfassung und in der Inszenierung (Rollenbesetzung etc.) Rechnung zu tragen. Allerdings ist sie kein starres Prinzip. Gerade, wenn wir den „inneren Ordo" betrachten (OV 25-56), erkennen wir hier auch eine lineare Fortentwicklung. (Daß Handlung sich ohnehin nur linear entwickeln kann, im Diskurs, ist ein Gemeinplatz.) Während die virtutes die einzelnen „Sphären" durchlaufen, ergänzen sie einander, bewegen sich, heben sich auf oder besser gesagt: differenzieren einander, entwickeln sich fort. Durchaus im Sinne des Aufstiegs gedacht. Jakobs Traum von der Engelsleiter fällt ein (Gen. 28, 10-22, insb. 28, 12).

Überhaupt fällt an den virtutes ihre große innere Beweglichkeit auf, ihre hochflüssige und hoch-weiterleitende Energie; niemals verharren sie im Sinne eines Sich-Verbohrens oder geistigen Absterbens; wo Dauer in ihnen gelebt wird, dann als Kraft, als geisti-

ge Tugend. Auf die größte erotische Öffnung folgt sofort das Wiederzudecken, das Fortgleiten, das Scham- und Zartgefühl; auf die Zartheit der Misericordia die „Wildheit" der Victoria; auf ihren mitreißenden, vorwärtsstürmenden Kampfruf die ruhig gemessene Unterscheidungskraft der Discretio, die sich in ihrem sicheren Abwägen gegen jede Zügellosigkeit wendet. Gleichzeitig nehmen die virtutes aber ihre Impulse gegenseitig auf und tragen sie weiter: Von der ersten Öffnung zur Erkenntnis der Kostbarkeit (Caritas – Timor Dei), vom verhallenden Schrei des Absturzes (OV 30 „gehennam") zurück ins eigentliche Hören

(Obedientia), vom Hören zum Widerschein (Obedientia – Fides), vom Widerschein zum Schauen (Fides „speculum" – spes „conspectrix"), vom geöffneten Schauen zum Brautgemach (Spes – Castitas) usw. Auf „in caelo habitas" (OV 42) folgt „in caelo fixa sum" (OV 43), auf die „Liebe zum höchsten Gott" (OV 44) die Umarmung und Hingabe der Disciplina, auf das Zartgefühl der Verecundia die Zartheit der Misericordia, auf das „nemo confunditur in te" (OV 54) das „fundementum meum in Deo est" (OV 55).

Die Gesetze dieser Lebendigkeit entziehen sich letztlich unserem Verständnis, wir können nur einige alleräußere Ansatzpunkte hier aufzeigen.
Eines aber scheint deutlich zu sein: Das Leben der virtutes wird von einer Lebendigkeit geprägt, die wesentlich lebendiger ist als alles, was wir kennen, und sie scheint in einer Gesetzmäßigkeit und Ökonomie zu stehen, die größer ist als unsere Welt, und aus unserer Welt heraus allein nicht mehr erklärt werden kann. Wir berühren hier schließlich etwas, das wir mit Worten wie „Ökonomie Gottes" umschreiben, mit „doxa" oder „Herrlichkeit". Sie ist es letztlich auch, die nach der künstlerischen Ausdrucksform von Musik und Tanz ruft, weil Musik und Tanz mitunter viel tiefer und unmittelbarer etwas auszudrücken vermögen als die menschliche Sprache. Sie ruhen am Grund auch von menschlicher Sprache und menschlichem Wort, in Emotion und Bewegung. Musik und Tanz sind alt, älter wahrscheinlich als die Menschheit, und auch die Tiere tanzen und singen, ja, der ganze Kosmos kennt Rhythmus und Klang.

Musik und Tanz des Menschen sind darum im Ursprung religiös, eine Form des Gebetes. David singt den Psalm und tanzt vor der Bundeslade, Priester und Shamanen singen und tanzen vor Geistern und Göttern, im antiken Theater singt und tanzt der Chor, um das Allgemeingültige und Ewige der Handlung, das Wesentliche, auszudrücken. Das Wort »Chor« bedeutet gleichzeitig auch »Tanz« oder »Tanzplatz«, und solche Tanzplätze gab es schon immer auf der ganzen Erde, wo Menschen sich dem Geheimnis und dem Leben nähern wollten. Und nicht ohne Sinn kennt auch der Kirchenraum den Chor, jenen Raum, in dem das heilige Schauspiel, die Wandlung und Eucharistie immer wieder neu und sinnreich vollzogen werden.

Doch kehren wir noch einmal zu dem anfangs gebrauchten Bild der Symmetrie zurück. Demnach ist, so sagten wir, der gesamte ORDO VIRTUTUM, insbesondere der „innere Ordo", der eigentliche Schautanz oder Chorreigen der Kräfte, gleichsam wie eine Zwiebel aufgebaut, Schale um Schale, Sphäre um Sphäre von innen nach außen sich fortentwickelnd. Bleiben wir bei diesem Bild der Zwiebel und gehen zum Zentrum zurück, dem „inneren Ordo", – und hier in die Mitte: Contemptus mundi. Die virtutes sagen zu ihr: „Tu semper habes certamina Christi." – „Beständig führst du den Kampf und die sichere Entscheidung Christi." (OV 42) Expressis verbis taucht Christus im gesamten ORDO VIRTUTUM nur noch zweimal auf, im „inneren Ordo", sonst überhaupt nicht mehr. Hier dafür aber in einer Wendung allerdeutlichster Prägnanz: „certamina Christi", – „die sichere Entscheidung

Christi", „der Kampf, die Schlacht, das Zur-Sicheren-Entscheidung-Bringen Christi". Die Humilitas, die Königin und Anführerin der virtutes, nennt diese am Ende der Schau des „inneren Ordo": „filiae Israel" – „Töchter Israels, Töchter des Ringkampfes mit Gott, Töchter Jakobs, der mit dem Boten Gottes gerungen hat, Töchter des Gottesstreiters" (OV 57) (vgl. auch Gen. 32, insb. 32, 29).

Töchter des Ringkampfes mit Gott? Christus bringt die allergrößte Zärtlichkeit in unser Leben, gleichzeitig aber auch das Schwert, die schärfste Trennung und Entscheidung, die über die Grenzen der Welt hinausgeht. „ …damit auch siegreich im Himmel du wohnst", sagen die virtutes zu Contemptus mundi. Für Hildegard ist der Mensch beständig am Scheideweg, ständig in der Entscheidung. Sprechen wir nicht mehr von Symmetrie, sprechen wir lieber vom Herzen, vom Zentrum, von der Mitte.

„Hilde-gard" heißt im Neuhochdeutschen „Ort (oder »Schutzort«) des Kampfes, Ort der Entscheidung". Wir haben gesagt, daß im Zentrum des universalen Schaffens dieser großen Frau und im Zentrum ihres prophetischen Werkes der ORDO VIRTUTUM steht. Nun denn, in der Mitte des ORDO VIRTUTUM, im Herzen des Spiels der Kräfte, steht die schärfste Entscheidung, die die Welt überhaupt kennt, – steht Christus.

Metanoia: Das Hören der Mitte –
Philologische Betrachtungen und andere Wortspiele

Das Wort „Mittelalter" scheint auf den ersten Blick ein etwas unglücklicher Name für eine Epoche zu sein, die sich bei genauer Betrachtungsweise doch so reich und differenziert darstellt. Zumal, wenn wir es als „finster" bezeichnen und damit endgültig denunzieren. Das Mittelalter war nicht finster – sofern diese pauschalisierende und im groben Raster vorgenommene Bewertung ganzer Zeitabschnitte überhaupt zulässig ist, wenn aber, dann war das Mittelalter „hell".

Es strömt jedoch einen ganz anderen Begriff von Helligkeit aus, als wir ihn heute gemeinhin verstehen. Schauen wir doch einmal die romanischen Bildwerke an: wie archaisch sie sind, wie „primitiv", ja, wie im positiven Sinne „barbarisch". Ist nicht gerade dieses Primitive, dieses Archaische, dieses – im positiven Sinne – Barbarische eine große Sehnsucht unserer Zeit? Das, was hier so archaisch und „primitiv" anmutet, so „barbarisch", ist das In-Sich-Selber-Ruhen, die Identität und Innerlichkeit der romanischen Kunst, ihr inneres Licht und Leuchten. Und dann der kühne Aufbruch der Gotik, jenes barbarische Ungestüm, das den schützenden Hort des Klosters, des abgeschlossenen Raumes, wieder verließ und – auf das Fundament der Romanik bezogen – neue geistige Räume erschloß!

Wir wollen die Gebrochenheit dieser Zeit, ihre inneren Wirren und Probleme, nicht hinfortjubilieren. Es geht um etwas anderes: Diese Auf- oder Einbrüche (das hängt ganz von dem Standpunkt ab, den wir einnehmen) – und Hildegard gibt hier ein deutliches Beispiel – ruhen ganz auf einer inneren Identität und einem Bewußtsein, das unserem Denken, insbesondere dem Denken der Neuzeit, zunächst fremd erscheint; – ja unter Umständen sogar fremd erscheinen will, denn der Übergang soll bewußt erfolgen.

Wir haben gesagt, daß die Spätantike in einem sehr veräußerlichten, zwar verfeinerten, aber auch dekadenten und innerlich hohlen Blick auf die Welt befangen war. Das Christentum hatte darunter am stärksten zu leiden. Es hat sich darum abgewendet, – von der Welt ab- und nach innen gewendet und auf das Reich Gottes geschaut. Das ist auch die spirituelle Leuchtkraft der Romanik, ihr tiefes In-Sich-Ruhen, ihre ganz verinnerlichte Identität.
Erst mit der Renaissance wendet sich das Bewußtsein wieder ganz der Welt zu. Eine durchaus gesegnete Zeit, schauen wir nur auf ihre Kunstwerke, auf die neu erblühten Farben und auf die Perspektive der Malerei, oder auf die in dieser Epoche ihren Anfang nehmenden Fortschritte unserer Zivilisation in Wissenschaft und Technik. Gleichzeitig führte diese sich immer mehr verselbständigende und ausschließliche Weltausrichtung aber auch zur Katastrophe unseres Denkens und zur schließlich alles bedrohenden Macht der Technik über Mensch und Natur. Dabei ist weniger, wie wir wissen,

die Technik das Problem (die ja durchaus auch Segen bringt), sondern der nach wie vor unbezwungene alte Gierblick im Menschen, der Drache, wie Hildegard ihn nennt (OV 20) (dérkomai [griech.] = sehen, blicken, ins Auge fassen), oder anders ausgedrückt: jenes verlorene Diadem von Ehre und Würde, die verlorene Drachme im biblischen Bild, die die mediterrane Frau wie ein drittes Auge auf der Stirne trug, oder die, wie Hildegard sich ausdrückt, zur leuchtenden Krone auf der Stirn des Menschen werden soll, ein heiliger Schein, in dem er die Welt durchschaut (OV 22).

Was ist mit diesen Bildern gemeint? Es wäre gewiß falsch, sich erneut von der Welt abzuwenden, und sie somit sich selbst zu überlassen, oder aber die Welt zu verteufeln, was noch schlimmer ist. Es wurde ja bereits gesagt, daß der Ansatzpunkt des Teufels nur der Mensch selber ist, den er durch die Lüge zu verstricken sucht. Ansonsten ist der Teufel machtlos, hier aber leider sehr heftig am Werk.

Wie aber die Welt erlösen und sie so ihrer dämonischen Macht über uns entheben? – Nur durch das Wort.

Davor aber liegt Schweigen, Stille, Hören. Natürlich hatten die Wüstenväter recht, als sie sich aus dieser Welt zurückzogen und so ihr dämonisches Geschrei langsam zum verstummen brachten: Reizüberflutung, Technik, Gierblicke etc., etc.

Langsam aber reift dann in der Wüste das, was Moses im brennenden Dornbusch erfuhr: Selbstaussage Gottes.

Voller Klang und Duft, voller Anspruch und Zumutung.
In sich selbst seiend, ewig und unnahbar, einzig und ausschließlich Gott; doch im Wort sich an die Welt verschenkend, sie durchwirkend, sie erhellend.

Die Welt hat durch das Wort Bestand, wesentlich, in Wahrheit, ist im Wort geschaffen und gehalten.
Wir brauchen die Welt also nicht zu verleugnen, um sie und uns zu retten, sondern wir müssen sie mit in die Wahrheit nehmen, ins Wort. Das Wort erlöst die Welt, transzendiert, erhellt sie, macht sie uns durchschaubar. Christus ist das Wort, fleisch-, weltgewordener Logos, um durch seine Liebe die Dunkelheit um uns aufzulichten.

Wenn wir auf diese Welt schauen, schauen wir also dann nicht auf den Körper Christi? Wenn wir sie verletzen, verletzen wir dann nicht den Körper Christi? Christus ist nicht die Welt, aber Christus ist in der Welt, und die Welt ist in Christus, dem fleischgewordenen Logos.

Welche Konsequenzen hat das nun für uns, wenn wir den Menschen ins Auge nehmen, uns selbst, – unser Sprechen, unser Hören, unseren Bestand, unser Wohnen in der Sprache, unser Wesen im Wort? Was für die Welt gilt, gilt umso mehr für uns Menschen, für jeden einzelnen und für jeden, dem wir begegnen.
Hildegard von Bingen spricht hier von der „recordatio", der „Erinnerung", dem „Wieder in die Mitte des Herzens Zurückgeben" (OV 57). „Tochter des Königs hätte ich sein sollen", spricht Hiltgart Sibylla (OV 4) –

princeps, Prinzessin; beziehungsweise Plural: „Töchter des Königs sollten wir alle sein", – principes, Prinzessinnen.

Diese Erkenntnis, diese Erinnerung, dieses sich wieder Einfinden in der Wahrheit, ist der erste Schritt der Metanoia, der Umkehr, des Sinneswandels, wie ihn die frühchristliche Sprache schon nannte (Johannes der Täufer). Hildegard von Bingen unterscheidet hier sehr fein die einzelnen Schritte und Phasen.
Die alleinige Erkenntnis unserer Gebrochenheit und Umwölkung reicht noch nicht aus, im Gegenteil, sie birgt die Gefahr, nur noch den Teufel zu sehen und nicht mehr den Vater, ganz in die Depression und Vereinzelung zu verfallen. Erst der Rückbezug auf den Vater, die wirkliche Erinnerung an seine Liebe, gibt der Seele die Kraft zum Sinneswandel, und damit zur Erneuerung. Die einzelnen Phasen sind im ORDO VIRTUTUM deutlich aufgezeigt. Erst im Rückweg zum Vater findet die Seele ihre neue Identität.
„Ich will mich aufmachen und zu meinem Vater gehen." (Lk 15, 18) Das Gleichnis vom verlorenen Sohn zieht sich wie ein goldener Faden durch Hildegards gesamte Theologie.

Die Metanoia ist mit Trauer verbunden, mit Traurigkeit und Tränen der Reue; sie ist eine von Emotionen begleitete tiefe Einsicht und Bewegung, die den gesamten Menschen erfaßt, erschüttert und umwandelt. Eng mit der Metanoia verbunden sind Sühne und Buße: Aussöhnung, Versöhnung, Heilung und Besserung. Es ist nicht leicht, so einfachhin davon zu reden. Die Metanoia ist eine starke pneumatische Medizin. „quasi medicina" nennt Hildegard von Bingen die Reue (Scivias I, 4; II, 5).

Die pneumatische Öffnung kündet sich bereits an im ersten Seufzen und Stöhnen, mitunter auch im Schrei und Hilferuf, wenn er an Gott gerichtet ist. Auffällig ist im ORDO VIRTUTUM das häufige „O" am Anfang eines Satzes oder einer Wendung. Es ist ein Vokal gewordener Seufzer, die erste Öffnung des auf Befreiung drängenden Geistes in uns, ein Ausdruck pneumatischer Sehnsucht und Liebe. Gänzlich offen ist dieses „O" dann im Staunen oder Beten, in der Beglückung und Fülle, im wirklichen Ein- und Ausstrom des geistigen Atems, im Dialog der Seelen in und mit Gott.

Der letzte wichtige Schritt der Metanoia ist das Werk, die Mitwirkung der Seele in Gottes Heilplan, und damit der Wechsel von zuvor gezeigter Passivität und Wehleidigkeit in aktives Handeln für die neue Welt in Christus, dem Bau des neuen Jerusalems – das in der Transzendenz steht – im Zusammenspiel der Kräfte.

Es ist kein Zufall, daß wir hier plötzlich gleichsam „marktwirtschaftliche" und gesellschaftspolitische Vokabeln hören: das Spiel der Kräfte. Hildegard von Bingen hat schon zu Lebzeiten auch zu den politischen Fragen ihrer damaligen Zeit deutlich Stellung genommen. Ihre ganzheitliche Sicht des Menschen ließ keine Trennung (im Sinne gänzlicher Entfernung) zwischen Religion, Philosophie und gesellschaftlichem Leben zu. Bei genauerem Hinsehen wird die Aktualität ihres gesellschaftlichen Bezuges auch für unsere heutige Zeit überdeutlich.

Sein Zentrum ist das „Ora et labora" der Benediktinischen Regel, das „Bete und arbeite". Erst in der fruchtbar ausgehaltenen Spannung dieser Polarität von Innen und Außen, Außen und Innen, wird jenes große Weltgesetz und jene Weltsetzung deutlich, in der der Mensch schöpferisch und in die Freiheit setzend leben kann.

Die Aufgabe, die im Ordo virtutum, im Spiel der Kräfte, gestellt ist, ist das Übertanzen der Welt, das Überspringen des Vordergründig-Gezierten (OV 41 „contemptus", „contemno", OV 42 „conculco"), der großen Illusion (OV 52, 73, 77). Die Aufgabe ist die Transzendenz, das Überspringen der Maya, der großen Mutter, des Mutterstoffs (= materia). Aber nicht im Sinne einer Verachtung oder Verteufelung, sondern lediglich im Ablassen vom falschen Umgang (OV 16) damit.

Kapitalismus und Materialismus führen den Menschen in Abhängigkeit und Versklavung, degradieren ihn zum funktionierenden und ausgebeuteten Maschinenteilchen, dessen Sinn und Zweck in Herstellung und Verbrauch erfüllt sind, in Produktion und Konsumation. Die Austauschbarkeit der Vokabeln innerhalb der verschiedenen Gesellschaftssysteme ist verblüffend. Letzter Motor dieser Maschine sind Gier und Profit, „jener alte Drache, der über den Allerhöchsten fliegen wollte", wie Hildegard sich ausdrückt, „doch Gott selber stürzte ihn in den Abgrund." (OV 20)

Die virtutes rufen im Spiel der Kräfte den Menschen zur Umkehr auf, die Todesspirale von Passivität und Konsum zu verlassen, und sich durch innerste freie Entscheidung in die Freiheit setzen zu lassen.

Aha, Gründerzeit also, freies Spiel der Kräfte, im Anfang war die Tat. Bleiben wir noch etwas in der Mitte, um zu bedenken, worum es eigentlich geht. Tatsächlich ist im Ordo virtutum die Gründerzeit gemeint; doch nicht eine Totgeburt von Ideologie oder anderer in sich verschlossener Systeme, sondern jenes offene Weltbild, das sich immer wieder auf den unverfügbaren Kern allen Daseins rückbesinnt; eine transzendente Gründerzeit also, Weltzeit schlechthin, als Geburtsstunde der ewigen, sich erneuernden Schöpfung. Da sie sich aufs Himmlische bezieht, hat sie keine vorgefertigte Matrize, kein fertiges Schema, sondern nichts als das offene und gegebene Wort, um dessen Wahrheit und Leben sie sich bemüht.

Der Wert menschlicher Arbeit ruht in der aktiven und positiven Kraft des Tuns, in der Tugend; die virtutes selbst werden als Arbeiter dargestellt. Jede Ausbeutung ist daher ein Frevel im Zentrum der Welt; Zusammenarbeit aber ein Akt der Liebe. Die Offenheit jener Weltgründung und Pflege ermöglicht ein langsames Wachsen und Reifen jener lebenswichtigen und sinnvollen Organe und Institutionen, die in ihrer Bildung und Wirkung selbst wieder Abbild jener unverfügbaren Mitte sind, um dessen Wahrheit wir uns mühen; nicht aufoktruiert, sondern aus der Mitte geboren, lebendig, wandelbar; und lebendig nur im Rückbezug auf das Wort.
Gründerzeit in diesem Sinne ist damit stets auch Provisorium, Voraussicht, ein Werden-

des, nicht ein Perfektes, ein Sich-Veränderndes, ein Auf-brechendes.

Verdächtige Vokabeln? Verdächtig, sobald jemand glaubt, ein fertiges Programm zu haben, eine Matrize, ein System, in das die Anderen und das Andere sich nur einzureihen brauchen, sich unterordnend seinem Willen zur Macht. Das freie Spiel der Kräfte, das Spiel, meint etwas anderes. Es sucht nicht die Entmündigung, Vermassung, die Passivität, den Konsum, sondern es ruft den Menschen in die Kraft zurück, in sein Eigentlichstes, in die Person. „Esto robusta", rufen die virtutes der Hiltgart Sibylla zu, „sei stark wie Eichenholz", „et indue te arma lucis" – „und umhülle dich mit den Waffen des Lichtes" (OV 66).

Auffällig sind in Hildegards Denken die häufigen Worte von Kraft und Potenz: virtus = Kraft, Tugend; vis = Kraft, Stärke, Potenz; vir = Mann; virtuositas = Tugendhaftigkeit; viror = Lebenskraft; viruo = grünen, treiben; viriditas = Grünkraft, Frische; virgo = Jungfrau; virginitas = Unschuld; virga = Reis, Trieb, Sproß (denken wir an das eben erwähnte »princeps«, »Prinzessin«), Bischofsstab. Diese Worte sind etymologisch verwandt mit (altindisch) *urj* = Nahrung, Saft, Kraft und (griechisch) *orgé* = Trieb, Regung, Stimmung, Gemüt, Temperament; *órgia* = heilige Handlung; *órganon* = Werkzeug, Instrument, Organ; *órganos* = wirkend, bildend; *érgon* = Werk, Tat, Ausführung, Arbeit.

Diese Potenz im Werk der heiligen Hildegard ist wiederum Christus:

„O frondens virga
in tua nobilitate stans
sicut aurora procedit.
Nunc gaude et laetare
et nos debiles dignare
a mala consuetudine liberare,
atque manum tuam porrige
ad erigendum nos."

„O blühend Reis,
du stehst in deinem Adel da,
so wie die Morgenröte sich erhebt.
Nun freue dich und juble,
befrei uns Schwache gnädiglich
von dem gewohnten Bösen
(von den schlechten Gewohnheiten),
und strecke deine Hände aus
uns aufzurichten."

Christus ist das grünend Reis, der neue Sproß, die neue Schöpfung, die in die Mitte der auseinanderbrechenden Ruine der alten Schöpfung eingepflanzt worden ist, um uns alle und die gesamte Schöpfung zu retten. Erinnern wir uns an das Herz: Contemptus mundi – ein zuinnerst „männlicher" Impuls in diesem „weiblichen" Spiel, in dieser „weiblichen" Schöpfung des ordo virtutum.

Wir haben gesagt, das „Mittelalter" sei hell. Es wird für uns hell, wenn wir diese Kraft des Neu-Einspannens der Welt, des Neu-Einschwingens der Welt (denken wir an einen Bogen oder an ein Musikinstrument) für uns zur Tugend machen können. »Contemptus mundi« heißt »die Weltverachtung«. mundus = Weltordnung, Weltall, Welt; Schmuck, Zierde, Putz, Toilettengerät, Schminke; sauber, reinlich, rein, nett, fein, geziert, zierlich, bereit, vorbereitet.

contemptus = die Geringschätzung, die Gleichgültigkeit gegen.
Akustisch schwingen hier *tempus* (Zeitabschnitt, Zeit), *tempestas* (Zeitabschnitt, Wetter, Unwetter, Sturm), *temptatio* (Versuchung, Probe), *temperatura* (richtige [Wärme]mischung), *temperantia* (Mäßigung), *temperamentum* (rechtes Maß) und *templum* (heiliger Bezirk, Schaukreis, Anhöhe) mit, sowie die große Wortfamilie der sonst mit griechisch *témno* und lateinisch *teneo, tendo* und *tondeo* verwandten Worte[4].

Contemptus mundi ist die Herrin des Rhythmus, pulsierender Herzschlag im Zentrum von Tanz und Musik. Selbst aber läßt sie sich zurückführen auf lateinisch temno = verachten, (ver)schmähen, mit Füßen treten, stampfen. (Das in OV 42 verwandte Wort „conculco" trägt die gleiche Bedeutung: »mit Füßen treten, verachten«. Es ist gebildet von »calx« = das biegsame Gelenk, die Ferse.)

Was aber meint *Achtung* oder *Verachtung (Ächtung)* eigentlich? Hier ist die deutsche Sprache selber sehr beredt: acht (Oktave) = die Vollzahl (der beiden Viererspitzen der Hände ohne Daumen [neun = die neue Zahl]). ächten, achten = aus der Vollzahl ausstoßen, bzw. hineinnehmen[5]. Interessant ist in diesem Zusammenhang die Bedeutung von „heiligen" und „weihen". Es heißt: das Gesamte, das Ganze, das Vollständige, das Heile mit hineinnehmen, das Selbst und Eigene. heilig = heil, ganz, glücklich, gesund, gerettet, völlig, vollständig, frisch, ungeschwächt, unversehrt.
Wir sind also geneigt, *contemptus mundi* hier etwas feiner auszudeuten. Sie verachtet nicht die Welt im Sinne einer Verneinung und Aburteilung, sondern sie übertanzt und transzendiert sie, sie erkennt die Gebrochenheit der Welt, gibt ihr aber gleichzeitig auch ihre Mitte zurück. In diese Freiheit gesetzt, spielt sie tanzend im Zentrum der Welt.

---

[4] témno [gr.] = einschneiden, schneiden, abteilen, absondern, scheiden, trennen; verwüsten, schlachten, opfern, durchschneiden, durchfahren. témenos [gr.] = abgegrenztes Gut. Témpea [gr.] = Einschnitt (zwischen Olymp und Ossa), Tempeltal. templum = der Raum am Himmel wie auf der Erde, den sich der Augur mit seinem Stabe beschrieb, um den Vogelflug darin zu beobachten; der Beobachtungskreis; jeder Ort, den man auf einmal überschauen oder von dem man etwas überschauen kann; jeder Ausblick, den man auf einmal vor Augen hat; der Schaukreis, das Schaugebiet, der Bezirk; die Höhe, Anhöhe; ein abgemessenes, einem Gott geweihtes, heiliges Stück Land. contemplor = beobachten, was im Beobachtungsbezirk am Himmel vorgeht; beschauen, betrachten. tempero = einer Sache Ziel und Maß setzen, ihr Schranken anweisen, weil jeder Abschnitt, den man macht, eine Begrenzung voraussetzt; das rechte Maß beobachten, mäßigen, zurückhalten, beherrschen, einer Sache sich enthalten, sich in acht nehmen, in das gehörige Maß setzen und Verhältnis bringen, mischen, zubereiten, verfertigen, einrichten, regeln, ordnen. tempus = der Zeitabschnitt, die Zeitspanne, der Zeitteil; die Zeit. tempestas = Zeitpunkt, Zeitabschnitt, Periode; Wetter, Witterung; Sturm, Unwetter, Wettergöttinnen. temperantia = Mäßigung, Maßhalten. temperatura = richtige (Wärme-)mischung. temperamentum = rechtes Maß. tempto = spannend, tastend ausstrecken, befühlen, berühren, angreifen, untersuchen, versuchen, verlocken, bestürmen, etwas zu erreichen suchen. temptatio = Versuch, Probe, Anfall einer Krankheit, Versuchung. contendo = zusammenspannen, zusammenstellen, vergleichen, wetteifern, anspannen, straffziehen, (vor Lachen) sich krümmen, schleudern, abschießen, anstrengen, alle Kraft aufbieten, wohin eilen, trachten, streben, verlangen. tendo = dehnen, spannen, ausdehnen, ausspannen. tenon = die Sehne. teneo = haben, halten, fassen, bewahren, wissen, kennen. tensio = Spannung, Ausdehnung. tónos [gr.] = Spannung. tono = tönen, ertönen, erschallen, donnern. tonitruo = donnern. tentigo = Brunst, Zeugungsspannung. tenere = zart, zärtlich, weich, weichlich. tenor = der ununterbrochene Lauf, das Schwungrad. temo = die Deichsel. tensa = Götterwagen. tondeo = benagen, naschen, scheren, abscheren (Tonsur). stépho [gr.] = staben, herumlegen, festlegen, umschließen, (be)kränzen, umwinden, Wohlgesetztheit verleihen. stéphanos [gr.] = bekränzt. stéle [gr.] = Grenzsäule, Säule, Grabstein.

[5] vgl. auch: Ecke = Schärfe, Schneide, Spitze (Schwert, Speer); ak [gr.] = spitz sein; og [idg.] = wachsen, leben; Acker, Ecker, Eichel, Eiche.

»se contemno« heißt: »rechtes Selbstgefühl besitzen, sich bescheiden«. Und »mundo« heißt: »säubern, reinigen«. In OV 41 sagt Contemptus mundi: „Ascendamus ad fontem vitae" – „Wir wollen emporsteigen, springen und tanzen zur Quelle des Lebens." Die virtutes antworten: „O gloriosa domina, tu semper habes certamina Christi. O magna virtus, quae mundum conculcas, unde etiam victoriose in caelo habitas." – „O glorreiche, ruhmvolle Herrin und Frau, beständig führst du den Kampf und die sichere Entscheidung Christi. O große Kraft, die du die Welt übertanzt, und damit auch siegreich im Himmel du wohnst."

Recordatio animae – das Sich-Erinnern der Seele: „O filiae Israel, sub arbore suscitavit vos Deus. Unde in hoc tempore recordamini plantationis suae", sagt Humilitas am Ende des „inneren Ordo", „O Töchter des Gottesstreiters, unter dem Baum, im Zentrum des Lebens, hat Gott euch aufgerichtet und zum Leben erweckt. Darum gedenkt, laßt euch in dieser Zeit in das Herz zurückgeben, erinnert euch: seiner Pflanzung." Dieser Baum des Lebens ist Christus. „Gaudete ergo, filiae Sion!" – „Freut euch also, Töchter Sions!"

Die Person steht inmitten der Seele, wenn Christus, der logos, das Wort, der Weg, die Wahrheit und das Leben, sie berührt. Das ist die Unio, die Verschmelzung, und der Eintritt in das neue und ewige Leben.

DER TÄNZER

ich möchte barfuß einen strand entlanglaufen
nur den wind im haar
und das rauschen der wellen in den ohren
wo sich mein wesen emporschwingt
im glücksgefühl der eigenen erfahrung
und jauchzt über die nacktheit meines körpers
wo kein einfluß mehr auf ihm liegt von metall und nichtmetall
und wo mein denken befreit ist
von kopfschmerzen
traum, traumhaft schön
im spiel nur spielen
es flimmert und gleißt und schwingt
und es findet uns wieder
unhüllt uns, berührt den körper
dringt in ihn ein durch jede einzelne pore
atmet, atmet
durchzieht das ganze wesen mit schauern
und all die aufgestauten tränen und gefühle
und schmerz brechen auf
es fließt und bebt und erschüttert
und lachen

lachen lachen
heiterer sprudelquell wasserfontäne freudentränen
lachen vermischt mit dem gischt der wogenden brandung
durchzuckt vom glück schwingung der seele
ganz da …

ganz da umarmt es die welt
umarmt es den strand
umarmt es sich selbst
und spürt die zartheit der berührungen
ein kuß
ein blick
ein spiel mit der zunge

ein pulsieren und strömen
von innen nach außen
von außen nach innen
herüberweht ein schrei von möven
woher
wohin
im kopf, im strand, über den wellen
eine klage eine freude ein lied

tanzend springt mein körper den strand entlang
meine füße berühren den sand
meine hände greifen den himmel

Bernward Konermann

Gespräch mit Hildegard von Bingen

Man müßte Flügel haben
rundum voll Augen
in denen noch die Träne
der Sehnsucht steht
wie eine verborgene Pforte
im kreisenden Rad des Ewigen.

Man müßte erzittern können
wie eine Harfe
die der Wind im Vorübergang
zärtlich berührt –
wie eine Posaune
den Ton eines anderen blasen
in den Straßen der Stadt
daß sich die Wächter die Augen reiben
vor dem blendenden Licht
das zu tönen beginnt.

Ich möchte knistern
wie Holz
im wachsenden Feuer
dessen Flamme nicht schweigt
weil die Glut schon am Werke ist.

Du kniest in den frischen Wunden
der Messe
– vor denen der Engel ins Schweigen sinkt –
und funkelst wie edles Gestein
in der Sonne
nicht wissend
daß du dem Mund der Erde
den Kuß ihres Schöpfers schenkst.

Erblühen wirst du
wie eine Rose
die nicht den Schatten
fallender Blätter kennt
weil aus der Umarmung sie lebt.

Spiegelnde Fläche
in der mein Geliebter
sein Antlitz findet
wie Duft aus feinsten Gewürzen.

Ich möchte trinken vom Quell
der aus dem Herzen des Vaters entspringt
und offene Erde betaut
mit Fülle von Frucht …

„Ich bin die Blume des Feldes"
spricht das lebendige Licht –
„mein ist das Werk."

Wir tauchen unter im schäumenden Meer
der Kräfte des Himmels
die bauen die Mauern
der goldenen Stadt
mit Straßen aus Feuer und Glas.

Wie Kinder in Einfalt
durch Fenster des Glaubens schauen
die Nasen fest an die Scheiben gedrückt
und sprechen ein verwunderliches O
„Wie gut – o wie gut ist doch Gott!"

Wir – Klumpen von Erde –
wachen im Herzen des Vaters auf
wie unter den warmen Flügeln der Henne
genug ist's zu lieben
zu schauen
und zu umarmen.

Wie der Flaum der kleinen Feder
– nicht zu besiegen vom Schwert –
möchte ich tanzen im Wind
der eigenen Schwere bar
gehalten nur von den Händen Gottes.

Sr. Caecilia Bonn OSB

Das Leben der Hildegard von Bingen

1098 Hildegard wird als zehntes und letztes Kind des edelfreien Hildebert von Bermersheim und seiner Ehefrau Mechthild in Bermersheim bei Alzey (Rheinhessen) geboren.

1106 Hildegard wird der Reklusin Jutta von Spanheim übergeben. Deren Klause liegt dem Benediktinerkloster auf dem Disibodenberg (am Zusammenfluß von Glau und Nahe) benachbart.

um 1113 Dem Mädchen Hildegard wird schmerzlich bewußt, daß es neben dem äußeren auch das innere Schauen von Geburt an besitzt. Hildegard legt die Gelübde ab und empfängt aus der Hand des Bamberger Bischofs Otto den Schleier.

1136 Nach dem Tod der Meisterin Jutta von Spanheim wählen die Nonnen auf dem Disibodenberg Hildegard zu ihrer Leiterin.

1141 Hildegard erhält von Gott den Auftrag, niederzuschreiben, was sie in der inneren Schau sieht. Unter Mithilfe des Mönches Volmar und der Nonne Richardis beginnt die Niederschrift des *Liber Scivias* (Wisse die Wege).

1147/48 Papst Eugen III. (1145-1153) läßt auf der Trierer Synode Hildegards Schriften prüfen und erlaubt ihr unter Zustimmung der versammelten Bischöfe, im Namen Christi und des heiligen Petrus zu verkünden, was sie im Heiligen Geiste erkenne.

1150 Hildegard siedelt mit etwa zwanzig Schwestern in das unter ihrer Leitung erbaute Kloster auf dem Rupertsberg (heute Bingerbrück) über.

1151-1158 Abfassung der naturkundlichen und heilkundlichen Schriften: *Liber simplicis medicinae* (Physica) und *Liber compositae medicinae* (Causae et Curae).

1158-1161 Äbtissin Hildegard unternimmt ihre erste Predigtreise mit den Hauptstationen Mainz, Würzburg und Bamberg.

1159 Kaiser Friedrich I. (Barbarossa, gestorben 1190) stellt gegen Papst Alexander III. (1159-1181) als Gegenpapst Viktor IV. (1159-1181) auf, dem im zwanzigjährigen Schisma drei weitere Gegenpäpste folgen.

1160 Äbtissin Hildegard unternimmt ihre zweite Predigtreise unter anderem mit einer öffentlichen Predigt an Klerus und Volk in Trier.

1161-1163 Dritte Predigtreise der Äbtissin. Über Boppard, Andernach und Siegburg gelangt sie nach Köln. Nach einer aufrüttelnden Predigt vor dem Dom- und Stadtklerus begibt sich Hildegard zur Benediktinerabtei St. Liudger in Werden an der Ruhr. Das Kloster ist in dieser Zeit weitberühmt wegen seiner Schreibschule. Es wird geleitet von Abt Adolf II., Graf von Altena (1160-1174).

1163 Hildegard beschließt ihr Buch der Lebensvergeltung *Liber vitae meritorum*. Sie beginnt die Abfassung des Buches der Gotteswerke *Liber divinorum operum*.

um 1165 Hildegard übernimmt in Personalunion die Leitung des Klosters Eibingen bei Rüdesheim. Zweimal in der Woche überquert sie von da an den Rhein, um Eibingen zu besuchen.

1170 Hildegard unternimmt als 72jährige Greisin ihre vierte Predigtreise, und zwar nach Schwaben (u.a. zu den Klöstern Maulbronn, Hirsau und Zwiefalten).

1178 Hildegard erlaubt das feierliche Begräbnis eines exkommunizierten Ritters. Doch weiß sie sich sicher, daß dieser vor dem Tod die Absolution erhalten hat. Sie macht das Grab unkenntlich und widersetzt sich offen dem Befehl der bischöflichen Behörde von Mainz, den Toten wieder aus der geweihten Erde zu entfernen. Gleich wie Antigone kämpft sie von nun an in den letzten Monaten ihres Lebens um ihr Recht, um das Recht des Toten und um das Recht Gottes. Zweimal begibt sich die 80jährige Äbtissin zu ihrer Verteidigung ins Haus des Domkapitels nach Mainz, ohne sich zu beugen.

In der Mitte des Jahres stellt ihr der Mainzer Erzbischof Christian in Aussicht, das über sie und ihr Kloster verhängte Interdikt aufzuheben, wenn sie ihre Rechtsposition überzeugend erhärten könne. Nicht ohne den Tadel, daß Hildegard vor der Kirche Ärgernis gegeben habe, empfiehlt sich der Erzbischof ihrem fürbittenden Gebet beim Allmächtigen Gott. Diese Redewendung ist gebräuchlich im Mittelalter als Bitte der Lebenden an Todkranke und Sterbende.

Am 17. September stirbt Hildegard in der Morgenfrühe vom Sonntag zum Montag. Hat die „deutsche Prophetin" die Lossprechung nur „in articulo mortis" (weil sie dem Tode ins Angesicht schaute) erhalten? Indizien sprechen dafür, daß die Verstorbene nicht, wie sonst allgemein üblich, als Gründerin eines Klosters in der Abteikirche, sondern in einfacher Erde bestattet wurde. Die um ihr Grab rankenden ursprünglichen Legenden lassen sich nur so schlüssig deuten, daß die Mainzer Kirche ihre einsetzende Verehrung als Heilige verboten hat.